The Seagull – Dual Language
Anton Chekhov
Marian Fell

The Seagull – Dual Language
Copyright © JiaHu Books 2017
First Published in Great Britain in 2017 by JiaHu Books – part of
Richardson-Prachai Solutions Ltd, 434 Whaddon Way, MK3 7LB
ISBN: 978-1-78435-159-5

Чайка

Комедия в четырёх действиях

Действующие лица

Ирина Николаевна Аркадина, по мужу Треплева, актриса.
Константин Гаврилович Треплев, её сын, молодой человек.
Петр Николаевич Сорин, её брат.
Нина Михайловна Заречная, молодая девушка, дочь богатого помещика.
Илья Афанасьевич Шамраев, поручик в отставке, управляющий у Сорина.
Полина Андреевна, его жена.
Маша, его дочь.
Борис Алексеевич Тригорин, беллетрист.
Евгений Сергеевич Дорн, врач.
Семён Семёнович Медведенко, учитель.
Яков, работник.
Повар.
Горничная.
Действие происходит в усадьбе Сорина. — Между третьим и четвертым действием проходит два года.

CHARACTERS

IRINA ARKADINA, an actress
CONSTANTINE TREPLIEFF, her son
PETER SORIN, her brother
NINA ZARIETCHNAYA, a young girl, the daughter of a rich landowner
ILIA SHAMRAEFF, the manager of SORIN'S estate
PAULINA, his wife
MASHA, their daughter
BORIS TRIGORIN, an author
EUGENE DORN, a doctor
SIMON MEDVIEDENKO, a schoolmaster
JACOB, a workman
A COOK
A MAIDSERVANT
The scene is laid on SORIN'S estate. Two years elapse between the third and fourth acts.

Действие первое

Часть парка в имении Сорина. Широкая аллея, ведущая по направлению от зрителей в глубину парка к озеру, загорожена эстрадой, наскоро сколоченной для домашнего спектакля, так что озера совсем не видно. Налево и направо у эстрады кустарник. Несколько стульев, столик.

Только что зашло солнце. На эстраде за опущенным занавесом Яков и другие работники; слышатся кашель и стук. Маша и Медведенко идут слева, возвращаясь с прогулки.

Медведенко. Отчего вы всегда ходите в черном?

Маша. Это траур по моей жизни. Я несчастна.

Медведенко. Отчего? *(В раздумье.)* Не понимаю... Вы здоровы, отец у вас хотя и небогатый, но с достатком. Мне живется гораздо тяжелее, чем вам. Я получаю всего 23 рубля в месяц, да еще вычитают с меня в эмеритуру, а все же я не ношу траура. *(Садятся.)*

Маша. Дело не в деньгах. И бедняк может быть счастлив.

Медведенко. Это в теории, а на практике выходит так: я, да мать, да две сестры и братишка, а жалованья всего 23 рубля. Ведь есть и пить надо? Чаю и сахару надо? Табаку надо? Вот тут и вертись.

Маша *(оглядываясь на эстраду)*. Скоро начнется спектакль.

Медведенко. Да. Играть будет Заречная, а пьеса сочинения Константина Гавриловича. Они влюблены друг в друга, и сегодня их души сольются в стремлении дать один и тот же художественный образ. А у моей души и у вашей нет общих точек соприкосновения. Я люблю вас, не могу от тоски сидеть дома, каждый день хожу пешком шесть верст сюда да шесть обратно и встречаю один лишь индифферентизм с вашей стороны. Это понятно. Я без средств, семья у меня большая... Какая охота идти за человека, которому самому есть нечего?

Маша. Пустяки. *(Нюхает табак.)* Ваша любовь трогает меня, но я не могу отвечать взаимностью, вот и все. *(Протягивает ему табакерку.)* Одолжайтесь.

Медведенко. Не хочется.

Пауза.

FIRST ACT

The scene is laid in the park on SORIN'S estate. A broad avenue of trees leads away from the audience toward a lake which lies lost in the depths of the park. The avenue is obstructed by a rough stage, temporarily erected for the performance of amateur theatricals, and which screens the lake from view. There is a dense growth of bushes to the left and right of the stage. A few chairs and a little table are placed in front of the stage. The sun has just set. JACOB and some other workmen are heard hammering and coughing on the stage. MASHA and MEDVIEDENKO come in from the left, returning from a walk.

Medviedenko. Why do you always wear mourning?

Masha. I dress in black to match my life. I am unhappy.

Medviedenko. Why should you be unhappy? [*Thinking it over*] I don't understand it. You are healthy, and though your father is not rich, he has a good competency. My life is far harder than yours. I only have twenty-three roubles a month to live on, but I don't wear mourning. [*They sit down*].

Masha. Happiness does not depend on riches; poor men are often happy.

Medviedenko. In theory, yes, but not in reality. Take my case, for instance; my mother, my two sisters, my little brother and I must all live somehow on my salary of twenty-three roubles a month. We have to eat and drink, I take it. You wouldn't have us go without tea and sugar, would you? Or tobacco? Answer me that, if you can.

Masha. *[Looking in the direction of the stage]* The play will soon begin.

Medviedenko. Yes, Nina Zarietchnaya is going to act in Treplieff's play. They love one another, and their two souls will unite to-night in the effort to interpret the same idea by different means. There is no ground on which your soul and mine can meet. I love you. Too restless and sad to stay at home, I tramp here every day, six miles and back, to be met only by your indifference. I am poor, my family is large, you can have no inducement to marry a man who cannot even find sufficient food for his own mouth.

Masha. It is not that. [*She takes snuff*] I am touched by your affection, but I cannot return it, that is all. [*She offers him the snuff-box*] Will you take some?

Medviedenko. No, thank you. [*A pause.*]

9

Маша. Душно, должно быть, ночью будет гроза. Вы всё философствуете или говорите о деньгах. По-вашему, нет бо́льшего несчастья, как бедность, а по-моему, в тысячу раз легче ходить в лохмотьях и побираться, чем... Впрочем, вам не понять этого...

Входят справа Сорин и Треплев.

Сорин *(опираясь на трость)*. Мне, брат, в деревне как-то не того, и, понятная вещь, никогда я тут не привыкну. Вчера лег в десять и сегодня утром проснулся в девять с таким чувством, как будто от долгого спанья у меня мозг прилип к черепу и все такое. *(Смеется.)* А после обеда нечаянно опять уснул, и теперь я весь разбит, испытываю кошмар, в конце концов...

Треплев. Правда, тебе нужно жить в городе. *(Увидев Машу и Медведенка.)* Господа, когда начнется, вас позовут, а теперь нельзя здесь. Уходите, пожалуйста.

Сорин *(Маше)*. Марья Ильинична, будьте так добры, попросите вашего папашу, чтобы он распорядился отвязать собаку, а то она воет. Сестра опять всю ночь не спала.

Маша. Говорите с моим отцом сами, а я не стану. Увольте, пожалуйста. *(Медведенку.)* Пойдемте!

Медведенко *(Треплеву)*. Так вы перед началом пришлите сказать. *(Оба уходят.)*

Сорин. Значит, опять всю ночь будет выть собака. Вот история, никогда в деревне я не жил, как хотел. Бывало, возьмешь отпуск на 28 дней и приедешь сюда, чтобы отдохнуть и все, но тут тебя так доймут всяким вздором, что уж с первого дня хочется вон. *(Смеется.)* Всегда я уезжал отсюда с удовольствием... Ну, а теперь я в отставке, деваться некуда, в конце концов. Хочешь — не хочешь, живи...

Яков *(Треплеву)*. Мы, Константин Гаврилыч, купаться пойдем.

Треплев. Хорошо, только через десять минут будьте на местах. *(Смотрит на часы.)* Скоро начнется.

Яков. Слушаю. *(Уходит.)*

Треплев *(окидывая взглядом эстраду)*. Вот тебе и театр. Занавес, потом первая кулиса, потом вторая и дальше пустое пространство. Декораций никаких. Открывается вид прямо на озеро и на горизонт. Поднимем занавес ровно в половине девятого, когда взойдет луна.

Сорин. Великолепно.

Masha. The air is sultry; a storm is brewing for to-night. You do nothing but moralise or else talk about money. To you, poverty is the greatest misfortune that can befall a man, but I think it is a thousand times easier to go begging in rags than to—You wouldn't understand that, though.

SORIN leaning on a cane, and TREPLIEFF come in.

Sorin. For some reason, my boy, country life doesn't suit me, and I am sure I shall never get used to it. Last night I went to bed at ten and woke at nine this morning, feeling as if, from oversleep, my brain had stuck to my skull. [*Laughing*] And yet I accidentally dropped off to sleep again after dinner, and feel utterly done up at this moment. It is like a nightmare.

Treplieff. There is no doubt that you should live in town. [*He catches sight of MASHA and MEDVIEDENKO*] You shall be called when the play begins, my friends, but you must not stay here now. Go away, please.

Sorin. Miss Masha, will you kindly ask your father to leave the dog unchained? It howled so last night that my sister was unable to sleep.

Masha. You must speak to my father yourself. Please excuse me; I can't do so. [*To MEDVIEDENKO*] Come, let us go.

Medviedenko. You will let us know when the play begins?

MASHA and MEDVIEDENKO go out.

Sorin. I foresee that that dog is going to howl all night again. It is always this way in the country; I have never been able to live as I like here. I come down for a month's holiday, to rest and all, and am plagued so by their nonsense that I long to escape after the first day. [*Laughing*] I have always been glad to get away from this place, but I have been retired now, and this was the only place I had to come to. Willy-nilly, one must live somewhere.

Jacob. [*To TREPLIEFF*] We are going to take a swim, Mr. Constantine.

Treplieff. Very well, but you must be back in ten minutes.

Jacob. We will, sir.

Treplieff. [*Looking at the stage*] Just like a real theatre! See, there we have the curtain, the foreground, the background, and all. No artificial scenery is needed. The eye travels direct to the lake, and rests on the horizon. The curtain will be raised as the moon rises at half-past eight.

Sorin. Splendid!

Треплев. Если Заречная опоздает, то, конечно, пропадет весь эффект. Пора бы уж ей быть. Отец и мачеха стерегут ее, и вырваться ей из дому так же трудно, как из тюрьмы. *(Поправляет дяде галстук.)* Голова и борода у тебя взлохмачены. Надо бы постричься, что ли...

Сорин *(расчесывая бороду)*. Трагедия моей жизни. У меня и в молодости была такая наружность, будто я запоем пил и все. Меня никогда не любили женщины. *(Садясь.)* Отчего сестра не в духе?

Треплев. Отчего? Скучает. *(Садясь рядом.)* Ревнует. Она уже и против меня, и против спектакля, и против моей пьесы, потому что ее беллетристу может понравиться Заречная. Она не знает моей пьесы, но уже ненавидит ее.

Сорин *(смеется)*. Выдумаешь, право...

Треплев. Ей уже досадно, что вот на этой маленькой сцене будет иметь успех Заречная, а не она. *(Посмотрев на часы.)* Психологический курьез — моя мать. Бесспорно талантлива, умна, способна рыдать над книжкой, отхватит тебе всего Некрасова наизусть, за больными ухаживает, как ангел; но попробуй похвалить при ней Дузе! Ого-го! Нужно хвалить только ее одну, нужно писать о ней, кричать, восторгаться ее необыкновенною игрой в «La dame aux camélias» или в «Чад жизни», но так как здесь, в деревне, нет этого дурмана, то вот она скучает и злится, и все мы — ее враги, все мы виноваты. Затем, она суеверна, боится трех свечей, тринадцатого числа. Она скупа. У нее в Одессе в банке семьдесят тысяч — это я знаю наверное. А попроси у нее взаймы, она станет плакать.

Сорин. Ты вообразил, что твоя пьеса не нравится матери, и уже волнуешься и все. Успокойся, мать тебя обожает.

Треплев *(обрывая у цветка лепестки)*. Любит — не любит, любит — не любит, любит — не любит. *(Смеется.)* Видишь, моя мать меня не любит. Еще бы! Ей хочется жить, любить, носить светлые кофточки, а мне уже двадцать пять лет, и я постоянно напоминаю ей, что она уже не молода. Когда меня нет, ей только тридцать два года, при мне же сорок три, и за это она меня ненавидит. Она знает также, что я не признаю театра. Она любит театр, ей кажется, что она служит

Treplieff. Of course the whole effect will be ruined if Nina is late. She should be here by now, but her father and stepmother watch her so closely that it is like stealing her from a prison to get her away from home. [*He straightens SORIN'S collar*] Your hair and beard are all on end. Oughtn't you to have them trimmed?

Sorin. [*Smoothing his beard*] They are the tragedy of my existence. Even when I was young I always looked as if I were drunk, and all. Women have never liked me. [*Sitting down*] Why is my sister out of temper?

Treplieff. Why? Because she is jealous and bored. [*Sitting down beside SORIN*] She is not acting this evening, but Nina is, and so she has set herself against me, and against the performance of the play, and against the play itself, which she hates without ever having read it.

Sorin. [*Laughing*] Does she, really?

Treplieff. Yes, she is furious because Nina is going to have a success on this little stage. [*Looking at his watch*] My mother is a psychological curiosity. Without doubt brilliant and talented, capable of sobbing over a novel, of reciting all Nekrasoff's poetry by heart, and of nursing the sick like an angel of heaven, you should see what happens if any one begins praising Duse to her! She alone must be praised and written about, raved over, her marvellous acting in "La Dame aux Camelias" extolled to the skies. As she cannot get all that rubbish in the country, she grows peevish and cross, and thinks we are all against her, and to blame for it all. She is superstitious, too. She dreads burning three candles, and fears the thirteenth day of the month. Then she is stingy. I know for a fact that she has seventy thousand roubles in a bank at Odessa, but she is ready to burst into tears if you ask her to lend you a penny.

Sorin. You have taken it into your head that your mother dislikes your play, and the thought of it has excited you, and all. Keep calm; your mother adores you.

Treplieff. [*Pulling a flower to pieces*] She loves me, loves me not; loves—loves me not; loves—loves me not! [*Laughing*] You see, she doesn't love me, and why should she? She likes life and love and gay clothes, and I am already twenty-five years old; a sufficient reminder to her that she is no longer young. When I am away she is only thirty-two, in my presence she is forty-three, and she hates me for it. She knows, too, that I despise the modern stage. She adores it, and imagines that she is working on it for the benefit of

человечеству, святому искусству, а по-моему, современный театр — это рутина, предрассудок. Когда поднимается занавес и при вечернем освещении, в комнате с тремя стенами, эти великие таланты, жрецы святого искусстваизображают, как люди едят, пьют, любят, ходят, носят свои пиджаки; когда из пошлых картин и фраз стараются выудить мораль, — мораль маленькую, удобопонятную, полезную в домашнем обиходе; когда в тысяче вариаций мне подносят всё одно и то же, одно и то же, одно и то же, — то я бегу и бегу, как Мопассан бежал от Эйфелевой башни, которая давила ему мозг своею пошлостью.

Сорин. Без театра нельзя.

Треплев. Нужны новые формы. Новые формы нужны, а если их нет, то лучше ничего не нужно. *(Смотрит на часы.)* Я люблю мать, сильно люблю; но она курит, пьет, открыто живет с этим беллетристом, имя ее постоянно треплют в газетах — и это меня утомляет. Иногда же просто во мне говорит эгоизм обыкновенного смертного; бывает жаль, что у меня мать известная актриса, и, кажется, будь это обыкновенная женщина, то я был бы счастливее. Дядя, что может быть отчаяннее и глупее положения: бывало, у нее сидят в гостях сплошь всё знаменитости, артисты и писатели, и между ними только один я — ничто, и меня терпят только потому, что я ее сын. Кто я? Что я? Вышел из третьего курса университета по обстоятельствам, как говорится, от редакции не зависящим, никаких талантов, денег ни гроша, а по паспорту я — киевский мещанин. Мой отец ведь киевский мещанин, хотя тоже был известным актером. Так вот, когда, бывало, в ее гостиной все эти артисты и писатели обращали на меня свое милостивое внимание, то мне казалось, что своими взглядами они измеряли мое ничтожество, — я угадывал их мысли и страдал от унижения...

Сорин. Кстати, скажи, пожалуйста, что за человек ее беллетрист? Не поймешь его. Всё молчит.

Треплев. Человек умный, простой, немножко, знаешь, меланхоличный. Очень порядочный. Сорок лет будет ему еще не скоро, но он уже знаменит и сыт, сыт по горло... Теперь он пьет одно только пиво и может любить только немолодых. Что касается его писаний, то... как тебе сказать? Мило, талантливо... но... после Толстого или Зола не захочешь читать Тригорина.

humanity and her sacred art, but to me the theatre is merely the vehicle of convention and prejudice. When the curtain rises on that little three-walled room, when those mighty geniuses, those high-priests of art, show us people in the act of eating, drinking, loving, walking, and wearing their coats, and attempt to extract a moral from their insipid talk; when playwrights give us under a thousand different guises the same, same, same old stuff, then I must needs run from it, as Maupassant ran from the Eiffel Tower that was about to crush him by its vulgarity.

Sorin. But we can't do without a theatre.

Treplieff. No, but we must have it under a new form. If we can't do that, let us rather not have it at all. [*Looking at his watch*] I love my mother, I love her devotedly, but I think she leads a stupid life. She always has this man of letters of hers on her mind, and the newspapers are always frightening her to death, and I am tired of it. Plain, human egoism sometimes speaks in my heart, and I regret that my mother is a famous actress. If she were an ordinary woman I think I should be a happier man. What could be more intolerable and foolish than my position, Uncle, when I find myself the only nonentity among a crowd of her guests, all celebrated authors and artists? I feel that they only endure me because I am her son. Personally I am nothing, nobody. I pulled through my third year at college by the skin of my teeth, as they say. I have neither money nor brains, and on my passport you may read that I am simply a citizen of Kiev. So was my father, but he was a well-known actor. When the celebrities that frequent my mother's drawing-room deign to notice me at all, I know they only look at me to measure my insignificance; I read their thoughts, and suffer from humiliation.

Sorin. Tell me, by the way, what is Trigorin like? I can't understand him, he is always so silent.

Treplieff. Trigorin is clever, simple, well-mannered, and a little, I might say, melancholic in disposition. Though still under forty, he is surfeited with praise. As for his stories, they are—how shall I put it?—pleasing, full of talent, but if you have read Tolstoi or Zola you somehow don't enjoy Trigorin.

15

Сорин. А я, брат, люблю литераторов. Когда-то я страстно хотел двух вещей: хотел жениться и хотел стать литератором, но не удалось ни то, ни другое. Да. И маленьким литератором приятно быть, в конце концов.

Треплев *(прислушивается)*. Я слышу шаги... *(Обнимает дядю.)* Я без нее жить не могу... Даже звук ее шагов прекрасен... Я счастлив безумно. *(Быстро идет навстречу Нине Заречной, которая входит.)* Волшебница, мечта моя...

Нина *(взволнованно)*. Я не опоздала... Конечно, я не опоздала...

Треплев *(целуя ее руки)*. Нет, нет, нет...

Нина. Весь день я беспокоилась, мне было так страшно! Я боялась, что отец не пустит меня... Но он сейчас уехал с мачехой. Красное небо, уже начинает восходить луна, и я гнала лошадь, гнала. *(Смеется.)* Но я рада. *(Крепко жмет руку Сорина.)*

Сорин *(смеется)*. Глазки, кажется, заплаканы... Ге-ге! Нехорошо!

Нина. Это так... Видите, как мне тяжело дышать. Через полчаса я уеду, надо спешить. Нельзя, нельзя, бога ради не удерживайте. Отец не знает, что я здесь.

Треплев. В самом деле, уже пора начинать. Надо идти звать всех.

Сорин. Я схожу и всё. Сию минуту. *(Идет вправо и поет.)* «Во Францию два гренадера...»*(Оглядывается.)* Раз так же вот я запел, а один товарищ прокурора и говорит мне: «А у вас, ваше превосходительство, голос сильный»... Потом подумал и прибавил: «Но... противный». *(Смеется и уходит.)*

Нина. Отец и его жена не пускают меня сюда. Говорят, что здесь богема... боятся, как бы я не пошла в актрисы... А меня тянет сюда к озеру, как чайку... Мое сердце полно вами. *(Оглядывается.)*

Треплев. Мы одни.

Нина. Кажется, кто-то там...

Треплев. Никого. *Поцелуй.*

Нина. Это какое дерево?

Треплев. Вяз.

Нина. Отчего оно такое темное?

Треплев. Уже вечер, темнеют все предметы. Не уезжайте рано, умоляю вас.

Нина. Нельзя.

Sorin. Do you know, my boy, I like literary men. I once passionately desired two things: to marry, and to become an author. I have succeeded in neither. It must be pleasant to be even an insignificant author.

Treplieff. [*Listening*] I hear footsteps! [*He embraces his uncle*] I cannot live without her; even the sound of her footsteps is music to me. I am madly happy. [*He goes quickly to meet NINA, who comes in at that moment*] My enchantress! My girl of dreams!

Nina. [*Excitedly*] It can't be that I am late? No, I am not late.

Treplieff. [*Kissing her hands*] No, no, no!

Nina. I have been in a fever all day, I was so afraid my father would prevent my coming, but he and my stepmother have just gone driving. The sky is clear, the moon is rising. How I hurried to get here! How I urged my horse to go faster and faster! [Laughing] I am so glad to see you! [*She shakes hands with SORIN.*]

Sorin. Oho! Your eyes look as if you had been crying. You mustn't do that.

Nina. It is nothing, nothing. Do let us hurry. I must go in half an hour. No, no, for heaven's sake do not urge me to stay. My father doesn't know I am here.

Treplieff. As a matter of fact, it is time to begin now. I must call the audience.

Sorin. Let me call them—and all—I am going this minute. [*He goes toward the right, begins to sing "The Two Grenadiers," then stops.*] I was singing that once when a fellow-lawyer said to me: "You have a powerful voice, sir." Then he thought a moment and added, "But it is a disagreeable one!" [*He goes out laughing.*]

Nina. My father and his wife never will let me come here; they call this place Bohemia and are afraid I shall become an actress. But this lake attracts me as it does the gulls. My heart is full of you. [*She glances about her.*]

Treplieff. We are alone.

Nina. Isn't that some one over there?

Treplieff. No. [*They kiss one another.*]

Nina. What is that tree?

Treplieff. An elm.

Nina. Why does it look so dark?

Treplieff. It is evening; everything looks dark now. Don't go away early, I implore you.

Nina. I must.

Треплев. А если я поеду к вам, Нина? Я всю ночь буду стоять в саду и смотреть на ваше окно.

Нина. Нельзя, вас заметит сторож. Трезор еще не привык к вам и будет лаять.

Треплев. Я люблю вас.

Нина. Тсс...

Треплев *(услышав шаги)*. Кто там? Вы, Яков?

Яков *(за эстрадой)*. Точно так.

Треплев. Становитесь по местам. Пора. Луна восходит?

Яков. Точно так.

Треплев. Спирт есть? Сера есть? Когда покажутся красные глаза, нужно, чтобы пахло серой. *(Нине.)* Идите, там все приготовлено. Вы волнуетесь?..

Нина. Да, очень. Ваша мама — ничего, ее я не боюсь, но у вас Тригорин... Играть при нем мне страшно и стыдно... Известный писатель... Он молод?

Треплев. Да.

Нина. Какие у него чудесные рассказы!

Треплев *(холодно)*. Не знаю, не читал.

Нина. В вашей пьесе трудно играть. В ней нет живых лиц.

Треплев. Живые лица! Надо изображать жизнь не такою, как она есть, и не такою, как должна быть, а такою, как она представляется в мечтах.

Нина. В вашей пьесе мало действия, одна только читка. И в пьесе, по-моему, непременно должна быть любовь...

Оба уходят за эстраду.

Входят Полина Андреевна и Дорн.

Полина Андреевна. Становится сыро. Вернитесь, наденьте калоши.

Дорн. Мне жарко.

Полина Андреевна. Вы не бережете себя. Это упрямство. Вы — доктор и отлично знаете, что вам вреден сырой воздух, но вам хочется, чтобы я страдала; вы нарочно просидели вчера весь вечер на террасе...

Дорн *(напевает)*. «Не говори, что молодость сгубила».

Полина Андреевна. Вы были так увлечены разговором с Ириной Николаевной... вы не замечали холода. Признайтесь, она вам нравится...

Дорн. Мне 55 лет.

Treplieff. What if I were to follow you, Nina? I shall stand in your garden all night with my eyes on your window.

Nina. That would be impossible; the watchman would see you, and Treasure is not used to you yet, and would bark.

Treplieff. I love you.

Nina. Hush!

Treplieff. [*Listening to approaching footsteps*] Who is that? Is it you, Jacob?

Jacob. [*On the stage*] Yes, sir.

Treplieff. To your places then. The moon is rising; the play must commence.

Nina. Yes, sir.

Treplieff. Is the alcohol ready? Is the sulphur ready? There must be fumes of sulphur in the air when the red eyes shine out. [*To NINA*] Go, now, everything is ready. Are you nervous?

Nina. Yes, very. I am not so much afraid of your mother as I am of Trigorin. I am terrified and ashamed to act before him; he is so famous. Is he young?

Treplieff. Yes.

Nina. What beautiful stories he writes!

Treplieff. [*Coldly*] I have never read any of them, so I can't say.

Nina. Your play is very hard to act; there are no living characters in it.

Treplieff. Living characters! Life must be represented not as it is, but as it ought to be; as it appears in dreams.

Nina. There is so little action; it seems more like a recitation. I think love should always come into every play.

NINA and TREPLIEFF go up onto the little stage; PAULINA and DORN come in.

Paulina. It is getting damp. Go back and put on your goloshes.

Dorn. I am quite warm.

Paulina. You never will take care of yourself; you are quite obstinate about it, and yet you are a doctor, and know quite well that damp air is bad for you. You like to see me suffer, that's what it is. You sat out on the terrace all yesterday evening on purpose.

Dorn. [*Sings*] "Oh, tell me not that youth is wasted."

Paulina. You were so enchanted by the conversation of Madame Arkadina that you did not even notice the cold. Confess that you admire her.

Dorn. I am fifty-five years old.

Полина Андреевна. Пустяки, для мужчины это не старость. Вы прекрасно сохранились и еще нравитесь женщинам.

Дорн. Так что же вам угодно?

Полина Андреевна. Перед актрисой вы все готовы падать ниц. Все!

Дорн *(напевает).* «Я вновь пред тобою...»[1] Если в обществе любят артистов и относятся к ним иначе, чем, например, к купцам, то это в порядке вещей. Это — идеализм.

Полина Андреевна. Женщины всегда влюблялись в вас и вешались на шею. Это тоже идеализм?

Дорн *(пожав плечами).* Что ж? В отношениях женщин ко мне было много хорошего. Во мне любили главным образом превосходного врача. Лет 10—15 назад, вы помните, во всей губернии я был единственным порядочным акушером. Затем всегда я был честным человеком.

Полина Андреевна *(хватает его за руку).* Дорогой мой!

Дорн. Тише. Идут.

Входят Аркадина под руку с Сориным, Тригорин, Шамраев, Медведенко и Маша.

Шамраев. В 1873 году в Полтаве на ярмарке она играла изумительно. Один восторг! Чудно играла! Не изволите ли также знать, где теперь комик Чадин, Павел Семеныч? В Расплюеве был неподражаем, лучше Садовского, клянусь вам, многоуважаемая. Где он теперь?

Аркадина. Вы всё спрашиваете про каких-то допотопных. Откуда я знаю! *(Садится.)*

Шамраев *(вздохнув).* Пашка Чадин! Таких уж нет теперь. Пала сцена, Ирина Николаевна! Прежде были могучие дубы, а теперь мы видим одни только пни.

Дорн. Блестящих дарований теперь мало, это правда, но средний актер стал гораздо выше.

Шамраев. Не могу с вами согласиться. Впрочем, это дело вкуса. De gustibus aut bene, aut nihil.

Треплев выходит из-за эстрады.

Аркадина *(сыну).* Мой милый сын, когда же начало?

Треплев. Через минуту. Прошу терпения.

Аркадина *(читает из «Гамлета»).* «Мой сын! Ты очи обратил мне внутрь души, и я увидела ее в таких кровавых, в таких смертельных язвах — нет спасенья!»

Треплев *(из «Гамлета»).* «И для чего ж ты поддалась пороку, любви искала в бездне преступленья?»

Paulina. A trifle. That is not old for a man. You have kept your looks magnificently, and women still like you.

Dorn. What are you trying to tell me?

Paulina. You men are all ready to go down on your knees to an actress, all of you.

Dorn. [*Sings*]

"Once more I stand before thee."

It is only right that artists should be made much of by society and treated differently from, let us say, merchants. It is a kind of idealism.

Paulina. When women have loved you and thrown themselves at your head, has that been idealism?

Dorn. [*Shrugging his shoulders*] I can't say. There has been a great deal that was admirable in my relations with women. In me they liked, above all, the superior doctor. Ten years ago, you remember, I was the only decent doctor they had in this part of the country—and then, I have always acted like a man of honour.

Paulina. [*Seizes his hand*] Dearest!

Dorn. Be quiet! Here they come.

ARKADINA comes in on SORIN'S arm; also TRIGORIN, SHAMRAEFF, MEDVIEDENKO, and MASHA.

Shamraeff. She acted most beautifully at the Poltava Fair in 1873; she was really magnificent. But tell me, too, where Tchadin the comedian is now? He was inimitable as Rasplueff, better than Sadofski. Where is he now?

Arkadina. Don't ask me where all those antediluvians are! I know nothing about them. [*She sits down.*]

Shamraeff. [*Sighing*] Pashka Tchadin! There are none left like him. The stage is not what it was in his time. There were sturdy oaks growing on it then, where now but stumps remain.

Dorn. It is true that we have few dazzling geniuses these days, but, on the other hand, the average of acting is much higher.

Shamraeff. I cannot agree with you; however, that is a matter of taste, de gustibus.

Enter TREPLIEFF from behind the stage.

Arkadina. When will the play begin, my dear boy?

Treplieff. In a moment. I must ask you to have patience.

Arkadina. [*Quoting from Hamlet*] My son,

"Thou turn'st mine eyes into my very soul;
And there I see such black grained spots
As will not leave their tinct."

За эстрадой играют в рожок.

Господа, начало! Прошу внимания!

Пауза.

Я начинаю. *(Стучит палочкой и говорит громко.)* О вы, почтенные старые тени, которые носитесь в ночную пору над этим озером, усыпите нас, и пусть нам приснится то, что будет через двести тысяч лет!

Сорин. Через двести тысяч лет ничего не будет.

Треплев. Так вот пусть изобразят нам это ничего.

Аркадина. Пусть. Мы спим.

Поднимается занавес; открывается вид на озеро; луна над горизонтом, отражение ее в воде; на большом камне сидит Нина Заречная, вся в белом.

Нина. Люди, львы, орлы и куропатки, рогатые олени, гуси, пауки, молчаливые рыбы, обитавшие в воде, морские звезды и те, которых нельзя было видеть глазом, — словом, все жизни, все жизни, все жизни, свершив печальный круг, угасли... Уже тысячи веков, как земля не носит на себе ни одного живого существа, и эта бедная луна напрасно зажигает свой фонарь. На лугу уже не просыпаются с криком журавли, и майских жуков не бывает слышно в липовых рощах. Холодно, холодно, холодно. Пусто, пусто, пусто. Страшно, страшно, страшно.

Пауза.

Тела живых существ исчезли в прахе, и вечная материя обратила их в камни, в воду, в облака, а души их всех слились в одну. Общая мировая душа — это я... я... Во мне душа и Александра Великого, и Цезаря, и Шекспира, и Наполеона, и последней пиявки. Во мне сознания людей слились с инстинктами животных, и я помню все, все, все, и каждую жизнь в себе самой я переживаю вновь.

Показываются болотные огни.

Аркадина *(тихо).* Это что-то декадентское.

Треплев *(умоляюще и с упреком).* Мама!

Нина. Я одинока. Раз в сто лет я открываю уста, чтобы говорить, и мой голос звучит в этой пустоте уныло, и никто не слышит... И вы, бледные огни, не слышите меня... Под утро вас рождает гнилое болото, и вы блуждаете до зари, но без мысли, без воли, без трепетания жизни. Боясь, чтобы в вас не возникла жизнь, отец вечной материи, дьявол, каждое мгновение в вас, как в камнях и в воде, производит обмен

[A horn is blown behind the stage.]

Treplieff. Attention, ladies and gentlemen! The play is about to begin. *[A pause]* I shall commence. *[He taps the door with a stick, and speaks in a loud voice]* O, ye time-honoured, ancient mists that drive at night across the surface of this lake, blind you our eyes with sleep, and show us in our dreams that which will be in twice ten thousand years!

Sorin. There won't be anything in twice ten thousand years.

Treplieff. Then let them now show us that nothingness.

Arkadina. Yes, let them—we are asleep.

The curtain rises. A vista opens across the lake. The moon hangs low above the horizon and is reflected in the water. NINA, dressed in white, is seen seated on a great rock.

Nina. All men and beasts, lions, eagles, and quails, horned stags, geese, spiders, silent fish that inhabit the waves, starfish from the sea, and creatures invisible to the eye—in one word, life—all, all life, completing the dreary round imposed upon it, has died out at last. A thousand years have passed since the earth last bore a living creature on her breast, and the unhappy moon now lights her lamp in vain. No longer are the cries of storks heard in the meadows, or the drone of beetles in the groves of limes. All is cold, cold. All is void, void, void. All is terrible, terrible—*[A pause]* The bodies of all living creatures have dropped to dust, and eternal matter has transformed them into stones and water and clouds; but their spirits have flowed together into one, and that great world-soul am I! In me is the spirit of the great Alexander, the spirit of Napoleon, of Caesar, of Shakespeare, and of the tiniest leech that swims. In me the consciousness of man has joined hands with the instinct of the animal; I understand all, all, all, and each life lives again in me.

[The will-o-the-wisps flicker out along the lake shore.]

Arkadina. *[Whispers]* What decadent rubbish is this?

Treplieff. *[Imploringly]* Mother!

Nina. I am alone. Once in a hundred years my lips are opened, my voice echoes mournfully across the desert earth, and no one hears. And you, poor lights of the marsh, you do not hear me. You are engendered at sunset in the putrid mud, and flit wavering about the lake till dawn, unconscious, unreasoning, unwarmed by the breath of life. Satan, father of eternal matter, trembling lest the spark of life should glow in you, has ordered an unceasing movement of the atoms that compose you, and so you shift and

атомов, и вы меняетесь непрерывно. Во вселенной остается постоянным и неизменным один лишь дух.

Пауза.

Как пленник, брошенный в пустой глубокий колодец, я не знаю, где я и что меня ждет. От меня не скрыто лишь, что в упорной, жестокой борьбе с дьяволом, началом материальных сил, мне суждено победить, и после того материя и дух сольются в гармонии прекрасной и наступит царство мировой воли. Но это будет лишь, когда мало-помалу, через длинный, длинный ряд тысячелетий, и луна, и светлый Сириус, и земля обратятся в пыль... А до тех пор ужас, ужас...

Пауза. на фоне озера показываются две красных точки.

Вот приближается мой могучий противник, дьявол. Я вижу его страшные багровые глаза...

Аркадина. Серой пахнет. Это так нужно?

Треплев. Да.

Аркадина *(смеется)*. Да, это эффект.

Треплев. Мама!

Нина. Он скучает без человека...

Полина Андреевна *(Дорну)*. Вы сняли шляпу. Наденьте, а то простудитесь.

Аркадина. Это доктор снял шляпу перед дьяволом, отцом вечной материи.

Треплев *(вспылив, громко)*. Пьеса кончена! Довольно! Занавес!

Аркадина. Что же ты сердишься?

Треплев. Довольно! Занавес! Подавай занавес! *(Топнув ногой.)* Занавес! *Занавес опускается.* Виноват! Я выпустил из вида, что писать пьесы и играть на сцене могут только немногие избранные. Я нарушил монополию! Мне... я... *(Хочет еще что-то сказать, но машет рукой и уходит влево.)*

Аркадина. Что с ним?

Сорин. Ирина, нельзя так, матушка, обращаться с молодым самолюбием.

Аркадина. Что же я ему сказала?

Сорин. Ты его обидела.

Аркадина. Он сам предупреждал, что это шутка, и я относилась к его пьесе, как к шутке.

Сорин. Все-таки...

Аркадина. Теперь оказывается, что он написал великое произведение! Скажите, пожалуйста! Стало быть, устроил он

change for ever. I, the spirit of the universe, I alone am immutable and eternal.

[*A pause*]

Like a captive in a dungeon deep and void, I know not where I am, nor what awaits me. One thing only is not hidden from me: in my fierce and obstinate battle with Satan, the source of the forces of matter, I am destined to be victorious in the end. Matter and spirit will then be one at last in glorious harmony, and the reign of freedom will begin on earth. But this can only come to pass by slow degrees, when after countless eons the moon and earth and shining Sirius himself shall fall to dust. Until that hour, oh, horror! horror! horror! [*A pause. Two glowing red points are seen shining across the lake*] Satan, my mighty foe, advances; I see his dread and lurid eyes.

Arkadina. I smell sulphur. Is that done on purpose?

Treplieff. Yes.

Arkadina. Oh, I see; that is part of the effect.

Treplieff. Mother!

Nina. He longs for man—

Paulina. [*To DORN*] You have taken off your hat again! Put it on, you will catch cold.

Arkadina. The doctor has taken off his hat to Satan father of eternal matter—

Treplieff. [*Loudly and angrily*] Enough of this! There's an end to the performance. Down with the curtain!

Arkadina. Why, what are you so angry about?

Treplieff. [*Stamping his foot*] The curtain; down with it! [*The curtain falls*] Excuse me, I forgot that only a chosen few might write plays or act them. I have infringed the monopoly. I—I—- *He would like to say more, but waves his hand instead, and goes out to the left.*

Arkadina. What is the matter with him?

Sorin. You should not handle youthful egoism so roughly, sister.

Arkadina. What did I say to him?

Sorin. You hurt his feelings.

Arkadina. But he told me himself that this was all in fun, so I treated his play as if it were a comedy.

Sorin. Nevertheless—-

Arkadina. Now it appears that he has produced a masterpiece, if you please! I suppose it was not meant to amuse us at all, but that he arranged

этот спектакль и надушил серой не для шутки, а для демонстрации... Ему хотелось поучить нас, как надо писать и что нужно играть. Наконец, это становится скучно. Эти постоянные вылазки против меня и шпильки, воля ваша, надоедят хоть кому! Капризный, самолюбивый мальчик.

Сорин. Он хотел доставить тебе удовольствие.

Аркадина. Да? Однако же вот он не выбрал какой-нибудь обыкновенной пьесы, а заставил нас прослушать этот декадентский бред. Ради шутки я готова слушать и бред, но ведь тут претензии на новые формы, на новую эру в искусстве. А, по-моему, никаких тут новых форм нет, а просто дурной характер.

Тригорин. Каждый пишет так, как хочет и как может.

Аркадина. Пусть он пишет как хочет и как может, только пусть оставит меня в покое.

Дорн. Юпитер, ты сердишься...

Аркадина. Я не Юпитер, а женщина. *(Закуривает.)* Я не сержусь, мне только досадно, что молодой человек так скучно проводит время. Я не хотела его обидеть.

Медведенко. Никто не имеет основания отделять дух от материи, так как, быть может, самый дух есть совокупность материальных атомов. *(Живо, Тригорину.)* А вот, знаете ли, описать бы в пьесе и потом сыграть на сцене, как живет наш брат — учитель. Трудно, трудно живется!

Аркадина. Это справедливо, но не будем говорить ни о пьесах, ни об атомах. Вечер такой славный! Слышите, господа, поют? *(Прислушивается.)* Как хорошо!

Полина Андреевна. Это на том берегу.

Пауза.

Аркадина *(Тригорину).* Сядьте возле меня. Лет 10—15 назад, здесь, на озере, музыка и пение слышались непрерывно почти каждую ночь. Тут на берегу шесть помещичьих усадеб. Помню, смех, шум, стрельба, и всё романы, романы... Jeune premier'ом и кумиром всех этих шести усадеб был тогда вот, рекомендую *(кивает на Дорна),* доктор Евгений Сергеич. И теперь он очарователен, но тогда был неотразим. Однако меня начинает мучить совесть. За что я обидела моего бедного мальчика? Я непокойна. *(Громко.)* Костя! Сын! Костя!

Маша. Я пойду поищу его.

Аркадина. Пожалуйста, милая.

the performance and fumigated us with sulphur to demonstrate to us how plays should be written, and what is worth acting. I am tired of him. No one could stand his constant thrusts and sallies. He is a wilful, egotistic boy.

Sorin. He had hoped to give you pleasure.

Arkadina. Is that so? I notice, though, that he did not choose an ordinary play, but forced his decadent trash on us. I am willing to listen to any raving, so long as it is not meant seriously, but in showing us this, he pretended to be introducing us to a new form of art, and inaugurating a new era. In my opinion, there was nothing new about it, it was simply an exhibition of bad temper.

Trigorin. Everybody must write as he feels, and as best he may.

Arkadina. Let him write as he feels and can, but let him spare me his nonsense.

Dorn. Thou art angry, O Jove!

Arkadina. I am a woman, not Jove. ['*She lights a cigarette*] And I am not angry, I am only sorry to see a young man foolishly wasting his time. I did not mean to hurt him.

Medviedenko. No one has any ground for separating life from matter, as the spirit may well consist of the union of material atoms. [*Excitedly, to TRIGORIN*] Some day you should write a play, and put on the stage the life of a schoolmaster. It is a hard, hard life.

Arkadina. I agree with you, but do not let us talk about plays or atoms now. This is such a lovely evening. Listen to the singing, friends, how sweet it sounds.

Paulina. Yes, they are singing across the water.

[*A pause.*]

Arkadina. [*To TRIGORIN*] Sit down beside me here. Ten or fifteen years ago we had music and singing on this lake almost all night. There are six houses on its shores. All was noise and laughter and romance then, such romance! The young star and idol of them all in those days was this man here, [*Nods toward Dorn*] Doctor Eugene Dorn. He is fascinating now, but he was irresistible then. But my conscience is beginning to prick me. Why did I hurt my poor boy? I am uneasy about him. [*Loudly*] Constantine! Constantine!

Masha. Shall I go and find him?

Arkadina. If you please, my dear.

Маша (*идет влево*). Ау! Константин Гаврилович!.. Ау! (*Уходит.*)

Нина (*выходя из-за эстрады.*) Очевидно, продолжения не будет, мне можно выйти. Здравствуйте! (*Целуется с Аркадиной и Полиной Андреевной.*)

Сорин. Браво! браво!

Аркадина. Браво! браво! Мы любовались. С такою наружностью, с таким чудным голосом нельзя, грешно сидеть в деревне. У вас должен быть талант. Слышите? Вы обязаны поступить на сцену!

Нина. О, это моя мечта! (*Вздохнув.*) Но она никогда не осуществится.

Аркадина. Кто знает? Вот позвольте вам представить: Тригорин, Борис Алексеевич.

Нина. Ах, я так рада... (*Сконфузившись.*) Я всегда вас читаю...

Аркадина (*усаживая ее возле*). Не конфузьтесь, милая. Он знаменитость, но у него простая душа. Видите, он сам сконфузился.

Дорн. Полагаю, теперь можно поднять занавес, а то жутко.

Шамраев (*громко*). Яков, подними-ка, братец, занавес! Занавес поднимается.

Нина (*Тригорину*). Не правда ли, странная пьеса?

Тригорин. Я ничего не понял. Впрочем, смотрел я с удовольствием. Вы так искренно играли. И декорация была прекрасная.

Пауза.

Должно быть, в этом озере много рыбы.

Нина. Да.

Тригорин. Я люблю удить рыбу. Для меня нет больше наслаждения, как сидеть под вечер на берегу и смотреть на поплавок.

Нина. Но, я думаю, кто испытал наслаждение творчества, для того уже все другие наслаждения не существуют.

Аркадина (*смеясь*). Не говорите так. Когда ему говорят хорошие слова, то он проваливается.

Шамраев. Помню, в Москве в оперном театре однажды знаменитый Сильва взял нижнее до. А в это время, как нарочно, сидел на галерее бас из наших синодальных певчих, и вдруг, можете себе представить наше крайнее изумление, мы слышим с галереи: «Браво, Сильва!» — целою октавой ниже... Вот этак (*низким баском*): браво, Сильва...

Masha. [*Goes off to the left, calling*] Mr. Constantine! Oh, Mr. Constantine!

Nina. [*Comes in from behind the stage*] I see that the play will never be finished, so now I can go home. Good evening. [*She kisses Arkadina and PAULINA.*]

Sorin. Bravo! Bravo!

Arkadina. Bravo! Bravo! We were quite charmed by your acting. With your looks and such a lovely voice it is a crime for you to hide yourself in the country. You must be very talented. It is your duty to go on the stage, do you hear me?

Nina. It is the dream of my life, which will never come true.

Arkadina. Who knows? Perhaps it will. But let me present Monsieur Boris Trigorin.

Nina. I am delighted to meet you. [*Embarrassed*] I have read all your books.

Arkadina. [*Drawing Nina down beside her*] Don't be afraid of him, dear. He is a simple, good-natured soul, even if he is a celebrity. See, he is embarrassed himself.

Dorn. Couldn't the curtain be raised now? It is depressing to have it down.

Shamraeff. [*Loudly*] Jacob, my man! Raise the curtain!

Nina. [*To TRIGORIN*] It was a curious play, wasn't it?

Trigorin. Very. I couldn't understand it at all, but I watched it with the greatest pleasure because you acted with such sincerity, and the setting was beautiful.

[*A pause*]

There must be a lot of fish in this lake.

Nina. Yes, there are.

Trigorin. I love fishing. I know of nothing pleasanter than to sit on a lake shore in the evening with one's eyes on a floating cork.

Nina. Why, I should think that for one who has tasted the joys of creation, no other pleasure could exist.

Arkadina. Don't talk like that. He always begins to flounder when people say nice things to him.

Shamraeff. I remember when the famous Silva was singing once in the Opera House at Moscow, how delighted we all were when he took the low C. Well, you can imagine our astonishment when one of the church cantors, who happened to be sitting in the gallery, suddenly boomed out: "Bravo, Silva!" a whole octave lower. Like this: [*In a deep bass voice*] "Bravo, Silva!"

Театр так и замер. *Пауза.*

Дорн. Тихий ангел пролетел.

Нина. А мне пора. Прощайте.

Аркадина. Куда? Куда так рано? Мы вас не пустим.

Нина. Меня ждет папа.

Аркадина. Какой он, право... *(Целуются.)* Ну, что делать. Жаль, жаль вас отпускать.

Нина. Если бы вы знали, как мне тяжело уезжать!

Аркадина. Вас бы проводил кто-нибудь, моя крошка.

Нина *(испуганно)*. О, нет, нет!

Сорин *(ей, умоляюще)*. Останьтесь!

Нина. Не могу, Петр Николаевич.

Сорин. Останьтесь на один час и всё. Ну что, право...

Нина *(подумав, сквозь слезы)*. Нельзя! *(Пожимает руку и быстро уходит.)*

Аркадина. Несчастная девушка в сущности. Говорят, ее покойная мать завещала мужу всё свое громадное состояние, всё до копейки, и теперь эта девочка осталась ни с чем, так как отец ее уже завещал всё своей второй жене. Это возмутительно.

Дорн. Да, ее папенька порядочная-таки скотина, надо отдать ему полную справедливость.

Сорин *(потирая озябшие руки)*. Пойдемте-ка, господа, и мы, а то становится сыро. У меня ноги болят.

Аркадина. Они у тебя как деревянные, едва ходят. Ну, пойдем, старик злосчастный. *(Берет его под руку.)*

Шамраев *(подавая руку жене)*. Мадам?

Сорин. Я слышу, опять воет собака. *(Шамраеву.)* Будьте добры, Илья Афанасьевич, прикажите отвязать ее.

Шамраев. Нельзя, Петр Николаевич, боюсь, как бы воры в амбар не забрались. Там у меня просо. *(Идущему рядом Медведенку.)* Да, на целую октаву ниже: «Браво, Сильва!» А ведь не певец, простой синодальный певчий.

Медведенко. А сколько жалованья получает синодальный певчий?

Все уходят, кроме Дорна.

Дорн *(один)*. Не знаю, быть может, я ничего не понимаю или сошел с ума, но пьеса мне понравилась. В ней что-то есть. Когда эта девочка говорила об одиночестве и потом, когда показались красные глаза дьявола,

The audience was left breathless. [*A pause.*]

Dorn. An angel of silence is flying over our heads.

Nina. I must go. Good-bye.

Arkadina. Where to? Where must you go so early? We shan't allow it.

Nina. My father is waiting for me.

Arkadina. How cruel he is, really. [*They kiss each other*] Then I suppose we can't keep you, but it is very hard indeed to let you go.

Nina. If you only knew how hard it is for me to leave you all.

Arkadina. Somebody must see you home, my pet.

Nina. [*Startled*] No, no!

Sorin. [*Imploringly*] Don't go!

Nina. I must.

Sorin. Stay just one hour more, and all. Come now, really, you know.

Nina. [*Struggling against her desire to stay; through her tears*] No, no, I can't. [*She shakes hands with him and quickly goes out.*]

Arkadina. An unlucky girl! They say that her mother left the whole of an immense fortune to her husband, and now the child is penniless because the father has already willed everything away to his second wife. It is pitiful.

Dorn. Yes, her papa is a perfect beast, and I don't mind saying so— it is what he deserves.

Sorin. [*Rubbing his chilled hands*] Come, let us go in; the night is damp, and my legs are aching.

Arkadina. Yes, you act as if they were turned to stone; you can hardly move them. Come, you unfortunate old man. [*She takes his arm.*]

Shamraeff. [*Offering his arm to his wife*] Permit me, madame.

Sorin. I hear that dog howling again. Won't you please have it unchained, Shamraeff?

Shamraeff. No, I really can't, sir. The granary is full of millet, and I am afraid thieves might break in if the dog were not there. [*Walking beside MEDVIEDENKO*] Yes, a whole octave lower: "Bravo, Silva!" and he wasn't a singer either, just a simple church cantor.

Medviedenko. What salary does the church pay its singers? [*All go out except Dorn.*]

Dorn. I may have lost my judgment and my wits, but I must confess I liked that play. There was something in it. When the girl spoke of her solitude and the Devil's eyes gleamed across the lake,

у меня от волнения дрожали руки. Свежо, наивно... Вот, кажется, он идет. Мне хочется наговорить ему побольше приятного.

Треплев *(входит)*. Уже нет никого.

Дорн. Я здесь.

Треплев. Меня по всему парку ищет Машенька. Несносное создание.

Дорн. Константин Гаврилович, мне ваша пьеса чрезвычайно понравилась. Странная она какая-то, и конца я не слышал, и все-таки впечатление сильное. Вы талантливый человек, вам надо продолжать.

Треплев крепко жмет ему руку и обнимает порывисто.

Фуй, какой нервный. Слезы на глазах... Я что хочу сказать? Вы взяли сюжет из области отвлеченных идей. Так и следовало, потому что художественное произведение непременно должно выражать какую-нибудь большую мысль. Только то прекрасно, что серьезно. Как вы бледны!

Треплев. Так вы говорите — продолжать?

Дорн. Да... Но изображайте только важное и вечное. Вы знаете, я прожил свою жизнь разнообразно и со вкусом, я доволен, но если бы мне пришлось испытать подъем духа, какой бывает у художников во время творчества, то, мне кажется, я презирал бы свою материальную оболочку и все, что этой оболочке свойственно, и уносился бы от земли подальше в высоту.

Треплев. Виноват, где Заречная?

Дорн. И вот еще что. В произведении должна быть ясная, определенная мысль. Вы должны знать, для чего пишете, иначе, если пойдете по этой живописной дороге без определенной цели, то вы заблудитесь и ваш талант погубит вас.

Треплев *(нетерпеливо)*. Где Заречная?

Дорн. Она уехала домой.

Треплев *(в отчаянии)*. Что же мне делать? Я хочу ее видеть... Мне необходимо ее видеть... Я поеду...

Маша входит.

Дорн *(Треплеву)*. Успокойтесь, мой друг.

Треплев. Но все-таки я поеду. Я должен поехать.

Маша. Идите, Константин Гаврилович, в дом. Вас ждет ваша мама. Она непокойна.

I felt my hands shaking with excitement. It was so fresh and naive. But here he comes; let me say something pleasant to him.

Treplieff comes in.

Treplieff. All gone already?

Dorn. I am here.

Treplieff. Masha has been yelling for me all over the park. An insufferable creature.

Dorn. Constantine, your play delighted me. It was strange, of course, and I did not hear the end, but it made a deep impression on me. You have a great deal of talent, and must persevere in your work.

Treplieff seizes his hand and squeezes it hard, then kisses him impetuously.

Dorn. Tut, tut! how excited you are. Your eyes are full of tears. Listen to me. You chose your subject in the realm of abstract thought, and you did quite right. A work of art should invariably embody some lofty idea. Only that which is seriously meant can ever be beautiful. How pale you are!

Treplieff. So you advise me to persevere?

Dorn. Yes, but use your talent to express only deep and eternal truths. I have led a quiet life, as you know, and am a contented man, but if I should ever experience the exaltation that an artist feels during his moments of creation, I think I should spurn this material envelope of my soul and everything connected with it, and should soar away into heights above this earth.

Treplieff. I beg your pardon, but where is Nina?

Dorn. And yet another thing: every work of art should have a definite object in view. You should know why you are writing, for if you follow the road of art without a goal before your eyes, you will lose yourself, and your genius will be your ruin.

Treplieff. [*Impetuously*] Where is Nina?

Dorn. She has gone home.

Treplieff. [*In despair*] Gone home? What shall I do? I want to see her; I must see her! I shall follow her.

Dorn. My dear boy, keep quiet.

Treplieff. I am going. I must go.

Masha comes in.

Masha. Your mother wants you to come in, Mr. Constantine. She is waiting for you, and is very uneasy.

Треплев. Скажите ей, что я уехал. И прошу вас всех, оставьте меня в покое! Оставьте! Не ходите за мной!

Дорн. Но, но, но, милый... нельзя так... Нехорошо.

Треплев *(сквозь слезы)*. Прощайте, доктор. Благодарю... *(Уходит.)*

Дорн *(вздохнув)*. Молодость, молодость!

Маша. Когда нечего больше сказать, то говорят: молодость, молодость... *(Нюхает табак.)*

Дорн *(берет у нее табакерку и швыряет в кусты)*. Это гадко! *Пауза.*

В доме, кажется, играют. Надо идти.

Маша. Погодите.

Дорн. Что?

Маша. Я еще раз хочу вам сказать. Мне хочется поговорить... *(Волнуясь.)* Я не люблю своего отца... но к вам лежит мое сердце. Почему-то я всею душой чувствую, что вы мне близки... Помогите же мне. Помогите, а то я сделаю глупость, я насмеюсь над своею жизнью, испорчу ее... Не могу дольше...

Дорн. Что? В чем помочь?

Маша. Я страдаю. Никто, никто не знает моих страданий! *(Кладет ему голову на грудь, тихо.)* Я люблю Константина.

Дорн. Как все нервны! Как все нервны! И сколько любви... О, колдовское озеро! *(Нежно.)* Но что же я могу сделать, дитя мое? Что? Что?

Занавес

Treplieff. Tell her I have gone away. And for heaven's sake, all of you, leave me alone! Go away! Don't follow me about!

Dorn. Come, come, old chap, don't act like this; it isn't kind at all.

Treplieff. [*Through his tears*] Good-bye, doctor, and thank you. *Treplieff goes out.*

Dorn. [*Sighing*] Ah, youth, youth!

Masha. It is always "Youth, youth," when there is nothing else to be said.

She takes snuff. Dorn takes the snuff-box out of her hands and flings it into the bushes.

Dorn. Don't do that, it is horrid. [*A pause*] I hear music in the house. I must go in.

Masha. Wait a moment.

Dorn. What do you want?

Masha. Let me tell you again. I feel like talking. [*She grows more and more excited*] I do not love my father, but my heart turns to you. For some reason, I feel with all my soul that you are near to me. Help me! Help me, or I shall do something foolish and mock at my life, and ruin it. I am at the end of my strength.

Dorn. What is the matter? How can I help you?

Masha. I am in agony. No one, no one can imagine how I suffer. [*She lays her head on his shoulder and speaks softly*] I love Constantine.

Dorn. Oh, how excitable you all are! And how much love there is about this lake of spells! [*Tenderly*] But what can I do for you, my child? What? What?

The curtain falls.

Действие второе

Площадка для крокета. В глубине направо дом с большою террасой, налево видно озеро, в котором, отражаясь, сверкает солнце. Цветники. Полдень. Жарко. Сбоку площадки, в тени старой липы, сидят на скамье Аркадина, Дорн и Маша. У Дорна на коленях раскрытая книга.

Аркадина *(Маше)*. Вот встанемте. *Обе встают.* Станем рядом. Вам двадцать два года, а мне почти вдвое. Евгений Сергеич, кто из нас моложавее?

Дорн. Вы, конечно.

Аркадина. Вот-с... А почему? Потому что я работаю, я чувствую, я постоянно в суете, а вы сидите всё на одном месте, не живете... И у меня правило: не заглядывать в будущее. Я никогда не думаю ни о старости, ни о смерти. Чему быть, того не миновать.

Маша. А у меня такое чувство, как будто я родилась уже давно-давно; жизнь свою я тащу во́локом, как бесконечный шлейф... И часто не бывает никакой охоты жить. *(Садится.)* Конечно, это все пустяки. Надо встряхнуться, сбросить с себя все это.

Дорн *(напевает тихо)*. «Расскажите вы ей, цветы мои...»

Аркадина. Затем, я корректна, как англичанин. Я, милая, держу себя в струне, как говорится, и всегда одета и причесана comme il faut. Чтобы я позволила себе выйти из дому, хотя бы вот в сад, в блузе или непричесанной? Никогда. Оттого я и сохранилась, что никогда не была фефёлой, не распускала себя, как некоторые... *(Подбоченясь, прохаживается по площадке.)* Вот вам — как цыпочка. Хоть пятнадцатилетнюю девочку играть.

Дорн. Ну-с, тем не менее все-таки я продолжаю. *(Берет книгу.)* Мы остановились на лабазнике и крысах...

Аркадина. И крысах. Читайте. *(Садится.)* Впрочем, дайте мне, я буду читать. Моя очередь. *(Берет книгу и ищет в ней глазами.)* И крысах... Вот оно... *(Читает.)* «И, разумеется, для светских людей баловать романистов и привлекать их к себе так же опасно, как лабазнику воспитывать крыс в своих амбарах. А между тем их любят. Итак, когда женщина избрала писателя, которого она желает заполонить, она осаждает его

Second Act

The lawn in front of SORIN'S house. The house stands in the background, on a broad terrace. The lake, brightly reflecting the rays of the sun, lies to the left. There are flower-beds here and there. It is noon; the day is hot. ARKADINA, DORN, and MASHA are sitting on a bench on the lawn, in the shade of an old linden. An open book is lying on DORN'S knees.

Arkadina. [*To Masha*] Come, get up. [*They both get up*] Stand beside me. You are twenty-two and I am almost twice your age. Tell me, Doctor, which of us is the younger looking?

Dorn. You are, of course.

Arkadina. You see! Now why is it? Because I work; my heart and mind are always busy, whereas you never move off the same spot. You don't live. It is a maxim of mine never to look into the future. I never admit the thought of old age or death, and just accept what comes to me.

Masha. I feel as if I had been in the world a thousand years, and I trail my life behind me like an endless scarf. Often I have no desire to live at all. Of course that is foolish. One ought to pull oneself together and shake off such nonsense.

Dorn. [*Sings softly*] "Tell her, oh flowers—"

Arkadina. And then I keep myself as correct-looking as an Englishman. I am always well-groomed, as the saying is, and carefully dressed, with my hair neatly arranged. Do you think I should ever permit myself to leave the house half-dressed, with untidy hair? Certainly not! I have kept my looks by never letting myself slump as some women do. [*She puts her arms akimbo, and walks up and down on the lawn*] See me, tripping on tiptoe like a fifteen-year-old girl.

Dorn. I see. Nevertheless, I shall continue my reading. [*He takes up his book*] Let me see, we had come to the grain-dealer and the rats.

Arkadina. And the rats. Go on. [*She sits down*] No, give me the book, it is my turn to read. [*She takes the book and looks for the place*] And the rats. Ah, here it is. [*She reads*] "It is as dangerous for society to attract and indulge authors as it is for grain-dealers to raise rats in their granaries. Yet society loves authors. And so, when a woman has found one whom she wishes to make her own, she lays siege to him

посредством комплиментов, любезностей и угождений...» Ну, это у французов, может быть, но у нас ничего подобного, никаких программ. У нас женщина обыкновенно, прежде чем заполонить писателя, сама уже влюблена по уши, сделайте милость. Недалеко ходить, взять хоть меня и Тригорина...

Идет Сорин, опираясь на трость, и рядом с ним Нина; Медведенко катит за ними пустое кресло.

Сорин *(тоном, каким ласкают детей).* Да? У нас радость? Мы сегодня веселы, в конце концов? *(Сестре.)* У нас радость! Отец и мачеха уехали в Тверь, и мы теперь свободны на целых три дня.

Нина *(садится рядом с Аркадиной и обнимает ее).* Я счастлива! Я теперь принадлежу вам.

Сорин *(садится в свое кресло).* Она сегодня красивенькая.

Аркадина. Нарядная, интересная... За это вы умница. *(Целует Нину.)* Но не нужно очень хвалить, а то сглазим. Где Борис Алексеевич?

Нина. Он в купальне рыбу удит.

Аркадина. Как ему не надоест! *(Хочет продолжать читать.)*

Нина. Это вы что?

Аркадина. Мопассан «На воде», милочка. *(Читает несколько строк про себя.)* Ну, дальше неинтересно и неверно. *(Закрывает книгу.)* Непокойна у меня душа. Скажите, что с моим сыном? Отчего он так скучен и суров? Он целые дни проводит на озере, и я его почти совсем не вижу.

Маша. У него нехорошо на душе. *(Нине, робко.)* Прошу вас, прочтите из его пьесы!

Нина *(пожав плечами).* Вы хотите? Это так неинтересно!

Маша *(сдерживая восторг).* Когда он сам читает что-нибудь, то глаза у него горят и лицо становится бледным. У него прекрасный, печальный голос; а манеры, как у поэта.

Слышно, как храпит Сорин.

Дорн. Спокойной ночи!

Аркадина. Петруша!

Сорин. А?

Аркадина. Ты спишь?

Сорин. Нисколько. *Пауза.*

Аркадина. Ты не лечишься, а это нехорошо, брат.

Сорин. Я рад бы лечиться, да вот доктор не хочет.

by indulging and flattering him." That may be so in France, but it certainly is not so in Russia. We do not carry out a programme like that. With us, a woman is usually head over ears in love with an author before she attempts to lay siege to him. You have an example before your eyes, in me and Trigorin.

SORIN comes in leaning on a cane, with NINA beside him. MEDVIEDENKO follows, pushing an arm-chair.

Sorin. [*In a caressing voice, as if speaking to a child*] So we are happy now, eh? We are enjoying ourselves to-day, are we? Father and stepmother have gone away to Tver, and we are free for three whole days!

Nina. [*Sits down beside Arkadina, and embraces her*] I am so happy. I belong to you now.

Sorin. [*Sits down in his arm-chair*] She looks lovely to-day.

Arkadina. Yes, she has put on her prettiest dress, and looks sweet. That was nice of you. [*She kisses Nina*] But we mustn't praise her too much; we shall spoil her. Where is Trigorin?

Nina. He is fishing off the wharf.

Arkadina. I wonder he isn't bored. [*She begins to read again.*]

Nina. What are you reading?

Arkadina. "On the Water," by Maupassant. [*She reads a few lines to herself*] But the rest is neither true nor interesting. [*She lays down the book*] I am uneasy about my son. Tell me, what is the matter with him? Why is he so dull and depressed lately? He spends all his days on the lake, and I scarcely ever see him any more.

Masha. His heart is heavy. [*Timidly, to Nina*] Please recite something from his play.

Nina. [*Shrugging her shoulders*] Shall I? Is it so interesting?

Masha. [*With suppressed rapture*] When he recites, his eyes shine and his face grows pale. His voice is beautiful and sad, and he has the ways of a poet.

Sorin begins to snore.

Dorn. Pleasant dreams!

Arkadina. Peter!

Sorin. Eh?

Arkadina. Are you asleep?

Sorin. Not a bit of it. [*A pause.*]

Arkadina. You don't do a thing for your health, brother, but you really ought to.

Sorin. I'd gladly do something but my doctor said not to bother.

Дорн. Лечиться в шестьдесят лет!

Сорин. И в шестьдесят лет жить хочется.

Дорн *(досадливо)*. Э! Ну, принимайте валериановые капли.

Аркадина. Мне кажется, ему хорошо бы поехать куда-нибудь на воды.

Дорн. Что ж? Можно поехать. Можно и не поехать.

Аркадина. Вот и пойми.

Дорн. И понимать нечего. Все ясно.

Медведенко. Петру Николаевичу следовало бы бросить курить.

Сорин. Пустяки. *(Пауза)*.

Дорн. Нет, не пустяки. Вино и табак обезличивают. После сигары или рюмки водки вы уже не Петр Николаевич, а Петр Николаевич плюс еще кто-то; у вас расплывается ваше я, и вы уже относитесь к самому себе, как к третьему лицу — он.

Сорин *(смеется)*. Вам хорошо рассуждать. Вы пожили на своем веку, а я? Я прослужил по судебному ведомству 28 лет, но еще не жил, ничего не испытал, в конце концов, и, понятная вещь, жить мне очень хочется. Вы сыты и равнодушны и потому имеете наклонность к философии, я же хочу жить и потому пью за обедом херес и курю сигары и все. Вот и все.

Дорн. Надо относиться к жизни серьезно, а лечиться в шестьдесят лет, жалеть, что в молодости мало наслаждался, это, извините, легкомыслие.

Маша *(встает)*. Завтракать пора, должно быть. *(Идет ленивою, вялою походкой.)* Ногу отсидела... *(Уходит.)*

Дорн. Пойдет и перед завтраком две рюмочки пропустит.

Сорин. Личного счастья нет у бедняжки.

Дорн. Пустое, ваше превосходительство.

Сорин. Вы рассуждаете, как сытый человек.

Аркадина. Ах, что может быть скучнее этой вот милой деревенской скуки! Жарко, тихо, никто ничего не делает, все философствуют... Хорошо с вами, друзья, приятно вас слушать, но... сидеть у себя в номере и учить роль — куда лучше!

Нина *(восторженно)*. Хорошо! Я понимаю вас.

Сорин. Конечно, в городе лучше. Сидишь в своем кабинете,

Dorn. The idea of doing anything for one's health at sixty-five!

Sorin. One still wants to live at sixty-five.

Dorn. [*Crossly*] Ho! Take some camomile tea.

Arkadina. I think a journey to some watering-place would be good for him.

Dorn. Why, yes; he might go as well as not.

Arkadina. You don't understand.

Dorn. There is nothing to understand in this case; it is quite clear.

Medviedenko. He ought to give up smoking.

Sorin. What nonsense! [*A pause.*]

Dorn. No, that is not nonsense. Wine and tobacco destroy the individuality. After a cigar or a glass of vodka you are no longer Peter Sorin, but Peter Sorin plus somebody else. Your ego breaks in two: you begin to think of yourself in the third person.

Sorin. It is easy for you to condemn smoking and drinking; you have known what life is, but what about me? I have served in the Department of Justice for twenty-eight years, but I have never lived, I have never had any experiences. You are satiated with life, and that is why you have an inclination for philosophy, but I want to live, and that is why I drink my wine for dinner and smoke cigars, and all.

Dorn. One must take life seriously, and to take a cure at sixty-five and regret that one did not have more pleasure in youth is, forgive my saying so, trifling.

Masha. It must be lunch-time. [*She walks away languidly, with a dragging step*] My foot has gone to sleep.

Dorn. She is going to have a couple of drinks before lunch.

Sorin. The poor soul is unhappy.

Dorn. That is a trifle, your honour.

Sorin. You judge her like a man who has obtained all he wants in life.

Arkadina. Oh, what could be duller than this dear tedium of the country? The air is hot and still, nobody does anything but sit and philosophise about life. It is pleasant, my friends, to sit and listen to you here, but I had rather a thousand times sit alone in the room of a hotel learning a role by heart.

Nina. [*With enthusiasm*] You are quite right. I understand how you feel.

Sorin. Of course it is pleasanter to live in town. One can sit in one's library with a telephone at one's elbow,

41

лакей никого не впускает без доклада, телефон... на улице извозчики и все...

Дорн (*напевает*). «Расскажите вы ей, цветы мои...»

Входит Шамраев, за ним Полина Андреевна.

Шамраев. Вот и наши. Добрый день! (*Целует руку у Аркадиной, потом у Нины.*) Весьма рад видеть вас в добром здоровье. (*Аркадиной.*) Жена говорит, что вы собираетесь сегодня ехать с нею вместе в город. Это правда?

Аркадина. Да, мы собираемся.

Шамраев. Гм... Это великолепно, но на чем же вы поедете, многоуважаемая? Сегодня у нас возят рожь, все работники заняты. А на каких лошадях, позвольте вас спросить?

Аркадина. На каких? Почем я знаю — на каких!

Сорин. У нас же выездные есть.

Шамраев (*волнуясь*). Выездные? А где я возьму хомуты? Где я возьму хомуты? Это удивительно! Это непостижимо! Высокоуважаемая! Извините, я благоговею перед вашим талантом, готов отдать за вас десять лет жизни, но лошадей я вам не могу дать!

Аркадина. Но если я должна ехать? Странное дело!

Шамраев. Многоуважаемая! Вы не знаете, что значит хозяйство!

Аркадина (*вспылив*). Это старая история! В таком случае я сегодня же уезжаю в Москву. Прикажите нанять для меня лошадей в деревне, а то я уйду на станцию пешком!

Шамраев (*вспылив*). В таком случае я отказываюсь от места! Ищите себе другого управляющего! (*Уходит.*)

Аркадина. Каждое лето так, каждое лето меня здесь оскорбляют! Нога моя здесь больше не будет!

Уходит влево, где предполагается купальня; через минуту видно, как она проходит в дом; за нею идет Тригорин с удочками и с ведром.

Сорин (*вспылив*). Это нахальство! Это черт знает что такое! Мне это надоело, в конце концов. Сейчас же подать сюда всех лошадей!

Нина (*Полине Андреевне*). Отказать Ирине Николаевне, знаменитой артистке! Разве всякое желание ее, даже каприз, не важнее вашего хозяйства? Просто невероятно!

Полина Андреевна (*в отчаянии*). Что я могу? Войдите в мое положение: что я могу?

no one comes in without being first announced by the footman, the streets are full of cabs, and all—-

Dorn. [*Sings*] "Tell her, oh flowers—-"

SHAMRAEFF comes in, followed by PAULINA.

Shamraeff. Here they are. How do you do? [*He kisses ARKADINA'S hand and then NINA'S*] I am delighted to see you looking so well. [*To ARKADINA*] My wife tells me that you mean to go to town with her to-day. Is that so?

Arkadina. Yes, that is what I had planned to do.

Shamraeff. Hm—that is splendid, but how do you intend to get there, madam? We are hauling rye to-day, and all the men are busy. What horses would you take?

Arkadina. What horses? How do I know what horses we shall have?

Sorin. Why, we have the carriage horses.

Shamraeff. The carriage horses! And where am I to find the harness for them? This is astonishing! My dear madam, I have the greatest respect for your talents, and would gladly sacrifice ten years of my life for you, but I cannot let you have any horses today.

Arkadina. But if I must go to town? What an extraordinary state of affairs!

Shamraeff. You do not know, madam, what it is to run a farm.

Arkadina. [*In a burst of anger*] That is an old story! Under these circumstances I shall go back to Moscow this very day. Order a carriage for me from the village, or I shall go to the station on foot.

Shamraeff. [*losing his temper*] Under these circumstances I resign my position. You must find yourself another manager. [*He goes out.*]

Arkadina. It is like this every summer: every summer I am insulted here. I shall never set foot here again.

She goes out to the left, in the direction of the wharf. In a few minutes she is seen entering the house, followed by TRIGORIN, who carries a bucket and fishing-rod.

Sorin. [*Losing his temper*] What the deuce did he mean by his impudence? I want all the horses brought here at once!

Nina. [*To Paulina*] How could he refuse anything to Madame Arkadina, the famous actress? Is not every wish, every caprice even, of hers, more important than any farm work? This is incredible.

Paulina. [*In despair*] What can I do about it? Put yourself in my place and tell me what I can do.

Сорин *(Нине)*. Пойдемте к сестре... Мы все будем умолять ее, чтобы она не уезжала. Не правда ли? *(Глядя по направлению, куда ушел Шамраев.)* Невыносимый человек! Деспот!

Нина *(мешая ему встать)*. Сидите, сидите... Мы вас довезем... Она и Медведенко катят кресло.

О, как это ужасно!..

Сорин. Да, да, это ужасно... Но он не уйдет, я сейчас поговорю с ним.

Уходят; остаются только Дорн и Полина Андреевна.

Дорн. Люди скучны. В сущности следовало бы вашего мужа отсюда просто в шею, а ведь все кончится тем, что эта старая баба Петр Николаевич и его сестра попросят у него извинения. Вот увидите!

Полина Андреевна. Он и выездных лошадей послал в поле. И каждый день такие недоразумения. Если бы вы знали, как это волнует меня! Я заболеваю; видите, я дрожу... Я не выношу его грубости. *(Умоляюще.)* Евгений, дорогой, ненаглядный, возьмите меня к себе... Время наше уходит, мы уже не молоды, и хоть бы в конце жизни нам не прятаться, не лгать...

Пауза.

Дорн. Мне пятьдесят пять лет, уже поздно менять свою жизнь.

Полина Андреевна. Я знаю, вы отказываете мне, потому что, кроме меня, есть женщины, которые вам близки. Взять всех к себе невозможно. Я понимаю. Простите, я надоела вам.

Нина показывается около дома; она рвет цветы.

Дорн. Нет, ничего.

Полина Андреевна. Я страдаю от ревности. Конечно, вы доктор, вам нельзя избегать женщин. Я понимаю...

Дорн *(Нине, которая подходит)*. Как там?

Нина. Ирина Николаевна плачет, а у Петра Николаевича астма.

Дорн *(встает)*. Пойти дать обоим валериановых капель...

Нина *(подает ему цветы)*. Извольте!

Дорн. Merci bien. *(Идет к дому.)*

Полина Андреевна *(идя с ним)*. Какие миленькие цветы! *(Около дома, глухим голосом.)* Дайте мне эти цветы! Дайте мне эти цветы! *(Получив цветы, рвет их и бросает в сторону.)* Оба идут в дом.

Sorin. [*To NINA*] Let us go and find my sister, and all beg her not to go. [*He looks in the direction in which SHAMRAEFF went out*] That man is insufferable; a regular tyrant.

Nina. [*Preventing him from getting up*] Sit still, sit still, and let us wheel you. [*She and MEDVIEDENKO push the chair before them*] This is terrible!

Sorin. Yes, yes, it is terrible; but he won't leave. I shall have a talk with him in a moment. [*They go out. Only DORN and PAULINA are left.*]

Dorn. How tiresome people are! Your husband deserves to be thrown out of here neck and crop, but it will all end by this old granny Sorin and his sister asking the man's pardon. See if it doesn't.

Paulina. He has sent the carriage horses into the fields too. These misunderstandings occur every day. If you only knew how they excite me! I am ill; see! I am trembling all over! I cannot endure his rough ways. [*Imploringly*] Eugene, my darling, my beloved, take me to you. Our time is short; we are no longer young; let us end deception and concealment, even though it is only at the end of our lives. [*A pause.*]

Dorn. I am fifty-five years old. It is too late now for me to change my ways of living.

Paulina. I know that you refuse me because there are other women who are near to you, and you cannot take everybody. I understand. Excuse me—I see I am only bothering you.

NINA is seen near the house picking a bunch of flowers.

Dorn. No, it is all right.

Paulina. I am tortured by jealousy. Of course you are a doctor and cannot escape from women. I understand.

Dorn. [*To NINA, who comes toward him*] How are things in there?

Nina. Madame Arkadina is crying, and Sorin is having an attack of asthma.

Dorn. Let us go and give them both some camomile tea.

Nina. [*Hands him the bunch of flowers*] Here are some flowers for you.

Dorn. Thank you. [*He goes into the house.*]

Paulina. [*Following him*] What pretty flowers! [*As they reach the house she says in a low voice*] Give me those flowers! Give them to me!

DORN hands her the flowers; she tears them to pieces and flings them away. They both go into the house.

Нина *(одна)*. Как странно видеть, что известная артистка плачет, да еще по такому пустому поводу! И не странно ли, знаменитый писатель, любимец публики, о нем пишут во всех газетах, портреты его продаются, его переводят на иностранные языки, а он целый день ловит рыбу и радуется, что поймал двух головлей. Я думала, что известные люди горды, неприступны, что они презирают толпу и своею славой, блеском своего имени как бы мстят ей за то, что она выше всего ставит знатность происхождения и богатство. Но они вот плачут, удят рыбу, играют в карты, смеются и сердятся, как все...

Треплев *(входит без шляпы, с ружьем и с убитою чайкой)*. Вы одни здесь?

Нина. Одна. *(Треплев кладет у ее ног чайку)*. Что это значит?

Треплев. Я имел подлость убить сегодня эту чайку. Кладу у ваших ног.

Нина. Что с вами? *(Поднимает чайку и глядит на нее.)*

Треплев *(после паузы)*. Скоро таким же образом я убью самого себя.

Нина. Я вас не узнаю.

Треплев. Да, после того, как я перестал узнавать вас. Вы изменились ко мне, ваш взгляд холоден, мое присутствие стесняет вас.

Нина. В последнее время вы стали раздражительны, выражаетесь все непонятно, какими-то символами. И вот эта чайка тоже, по-видимому, символ, но, простите, я не понимаю... *(Кладет чайку на скамью.)* Я слишком проста, чтобы понимать вас.

Треплев. Это началось с того вечера, когда так глупо провалилась моя пьеса. Женщины не прощают неуспеха. Я все сжег, все до последнего клочка. Если бы вы знали, как я несчастлив! Ваше охлаждение страшно, невероятно, точно я проснулся и вижу вот, будто это озеро вдруг высохло или утекло в землю. Вы только что сказали, что вы слишком просты, чтобы понимать меня. О, что тут понимать?! Пьеса не понравилась, вы презираете мое вдохновение, уже считаете меня заурядным, ничтожным, каких много... *(Топнув ногой.)* Как это я хорошо понимаю, как понимаю! У меня в мозгу точно гвоздь, будь он проклят вместе с моим самолюбием, которое сосет мою кровь, сосет, как змея...

Nina. [*Alone*] How strange to see a famous actress weeping, and for such a trifle! Is it not strange, too, that a famous author should sit fishing all day? He is the idol of the public, the papers are full of him, his photograph is for sale everywhere, his works have been translated into many foreign languages, and yet he is overjoyed if he catches a couple of minnows. I always thought famous people were distant and proud; I thought they despised the common crowd which exalts riches and birth, and avenged themselves on it by dazzling it with the inextinguishable honour and glory of their fame. But here I see them weeping and playing cards and flying into passions like everybody else.

TREPLIEFF comes in without a hat on, carrying a gun and a dead seagull.

Treplieff. Are you alone here?

Nina. Yes.

Treplieff lays the sea-gull at her feet.

Nina. What do you mean by this?

Treplieff. I was base enough today to kill this gull. I lay it at your feet.

Nina. What is happening to you? *[She picks up the gull and stands looking at it.]*

Treplieff. [*After a pause*] So shall I soon end my own life.

Nina. You have changed so that I fail to recognise you.

Treplieff. Yes, I have changed since the time when I ceased to recognise you. You have failed me; your look is cold; you do not like to have me near you.

Nina. You have grown so irritable lately, and you talk so darkly and symbolically that you must forgive me if I fail to follow you. I am too simple to understand you.

Treplieff. All this began when my play failed so dismally. A woman never can forgive failure. I have burnt the manuscript to the last page. Oh, if you could only fathom my unhappiness! Your estrangement is to me terrible, incredible; it is as if I had suddenly waked to find this lake dried up and sunk into the earth. You say you are too simple to understand me; but, oh, what is there to understand? You disliked my play, you have no faith in my powers, you already think of me as commonplace and worthless, as many are. [*Stamping his foot*] How well I can understand your feelings! And that understanding is to me like a dagger in the brain. May it be accursed, together with my stupidity, which sucks my life-blood like a snake!

(Увидев Тригорина, который идет, читая книжку.) Вот идет истинный талант; ступает, как Гамлет, и тоже с книжкой. *(Дразнит.)* «Слова, слова, слова...» Это солнце еще не подошло к вам, а вы уже улыбаетесь, взгляд ваш растаял в его лучах. Не стану мешать вам. *(Уходит быстро.)*

Тригорин *(записывая в книжку)*. Нюхает табак и пьет водку... Всегда в черном. Ее любит учитель...

Нина. Здравствуйте, Борис Алексеевич!

Тригорин. Здравствуйте. Обстоятельства неожиданно сложились так, что, кажется, мы сегодня уезжаем. Мы с вами едва ли еще увидимся когда-нибудь. А жаль. Мне приходится не часто встречать молодых девушек, молодых и интересных, я уже забыл и не могу себе ясно представить, как чувствуют себя в 18—19 лет, и потому у меня в повестях и рассказах молодые девушки обыкновенно фальшивы. Я бы вот хотел хоть один час побыть на вашем месте, чтобы узнать, как вы думаете и вообще что вы за штучка.

Нина. А я хотела бы побывать на вашем месте.

Тригорин. Зачем?

Нина. Чтобы узнать, как чувствует себя известный талантливый писатель. Как чувствуется известность? Как вы ощущаете то, что вы известны?

Тригорин. Как? Должно быть, никак. Об этом я никогда не думал. *(Подумав.)* Что-нибудь из двух: или вы преувеличиваете мою известность, или же вообще она никак не ощущается.

Нина. А если читаете про себя в газетах?

Тригорин. Когда хвалят, приятно, а когда бранят, то потом два дня чувствуешь себя не в духе.

Нина. Чудный мир! Как я завидую вам, если бы вы знали! Жребий людей различен. Одни едва влачат свое скучное, незаметное существование, все похожие друг на друга, все несчастные; другим же, как, например, вам, — вы один из миллиона, — выпала на долю жизнь интересная, светлая, полная значения... Вы счастливы...

Тригорин. Я? *(Пожимая плечами.)* Гм... Вы вот говорите об известности, о счастье, о какой-то светлой, интересной жизни, а для меня все эти хорошие слова, простите, все равно что мармелад, которого я никогда не ем. Вы очень молоды и очень добры.

Нина. Ваша жизнь прекрасна!

[*He sees TRIGORIN, who approaches reading a book*] There comes real genius, striding along like another Hamlet, and with a book, too. [*Mockingly*] "Words, words, words." You feel the warmth of that sun already, you smile, your eyes melt and glow liquid in its rays. I shall not disturb you. [*He goes out.*]

Trigorin. [*Making notes in his book*] Takes snuff and drinks vodka; always wears black dresses; is loved by a schoolteacher—

Nina. How do you do?

Trigorin. How are you, Miss Nina? Owing to an unforeseen development of circumstances, it seems that we are leaving here today. You and I shall probably never see each other again, and I am sorry for it. I seldom meet a young and pretty girl now; I can hardly remember how it feels to be nineteen, and the young girls in my books are seldom living characters. I should like to change places with you, if but for an hour, to look out at the world through your eyes, and so find out what sort of a little person you are.

Nina. And I should like to change places with you.

Trigorin. Why?

Nina. To find out how a famous genius feels. What is it like to be famous? What sensations does it give you?

Trigorin. What sensations? I don't believe it gives any. [*Thoughtfully*] Either you exaggerate my fame, or else, if it exists, all I can say is that one simply doesn't feel fame in any way.

Nina. But when you read about yourself in the papers?

Trigorin. If the critics praise me, I am happy; if they condemn me, I am out of sorts for the next two days.

Nina. This is a wonderful world. If you only knew how I envy you! Men are born to different destinies. Some dully drag a weary, useless life behind them, lost in the crowd, unhappy, while to one out of a million, as to you, for instance, comes a bright destiny full of interest and meaning. You are lucky.

Trigorin. I, lucky? [*He shrugs his shoulders*] H-m—I hear you talking about fame, and happiness, and bright destinies, and those fine words of yours mean as much to me—forgive my saying so— as sweetmeats do, which I never eat. You are very young, and very kind.

Nina. Your life is beautiful.

Тригорин. Что же в ней особенно хорошего? *(Смотрит на часы.)* Я должен сейчас идти и писать. Извините, мне некогда... *(Смеется.)* Вы, как говорится, наступили на мою самую любимую мозоль, и вот я начинаю волноваться и немного сердиться. Впрочем, давайте говорить. Будем говорить о моей прекрасной, светлой жизни... Ну-с, с чего начнем? *(Подумав немного.)* Бывают насильственные представления, когда человек день и ночь думает, например, все о луне, и у меня есть своя такая луна. День и ночь одолевает меня одна неотвязчивая мысль: я должен писать, я должен писать, я должен... Едва кончил повесть, как уже почему-то должен писать другую, потом третью, после третьей четвертую... Пишу непрерывно, как на перекладных, и иначе не могу. Что же тут прекрасного и светлого, я вас спрашиваю? О, что за дикая жизнь! Вот я с вами, я волнуюсь, а между тем каждое мгновение помню, что меня ждет неоконченная повесть. Вижу вот облако, похожее на рояль. Думаю: надо будет упомянуть где-нибудь в рассказе, что плыло облако, похожее на рояль. Пахнет гелиотропом. Скорее мотаю на ус: приторный запах, вдовий цвет, упомянуть при описании летнего вечера. Ловлю себя и вас на каждой фразе, на каждом слове и спешу скорее запереть все эти фразы и слова в свою литературную кладовую: авось пригодится! Когда кончаю работу, бегу в театр или удить рыбу; тут бы и отдохнуть, забыться, ан — нет, в голове уже ворочается тяжелое чугунное ядро — новый сюжет, и уже тянет к столу, и надо спешить опять писать и писать. И так всегда, всегда, и нет мне покоя от самого себя, и я чувствую, что съедаю собственную жизнь, что для меда, который я отдаю кому-то в пространство, я обираю пыль с лучших своих цветов, рву самые цветы и топчу их корни. Разве я не сумасшедший? Разве мои близкие и знакомые держат себя со мною, как со здоровым? «Что пописываете? Чем нас подарите?» Одно и то же, одно и то же, и мне кажется, что это внимание знакомых, похвалы, восхищение, — все это обман, меня обманывают, как больного, и я иногда боюсь, что вот-вот подкрадутся ко мне сзади, схватят и повезут, как Поприщина, в сумасшедший дом. А в те годы, в молодые, лучшие годы, когда я начинал, мое писательство было одним сплошным мучением. Маленький писатель, особенно когда ему не везет, кажется себе неуклюжим, неловким, лишним, нервы у него напряжены,

Trigorin. I see nothing especially lovely about it. [*He looks at his watch*] Excuse me, I must go at once, and begin writing again. I am in a hurry. [*He laughs*] You have stepped on my pet corn, as they say, and I am getting excited, and a little cross. Let us discuss this bright and beautiful life of mine, though. [*After a few moments' thought*] Violent obsessions sometimes lay hold of a man: he may, for instance, think day and night of nothing but the moon. I have such a moon. Day and night I am held in the grip of one besetting thought, to write, write, write! Hardly have I finished one book than something urges me to write another, and then a third, and then a fourth—I write ceaselessly. I am, as it were, on a treadmill. I hurry for ever from one story to another, and can't help myself. Do you see anything bright and beautiful in that? Oh, it is a wild life! Even now, thrilled as I am by talking to you, I do not forget for an instant that an unfinished story is awaiting me. My eye falls on that cloud there, which has the shape of a grand piano; I instantly make a mental note that I must remember to mention in my story a cloud floating by that looked like a grand piano. I smell heliotrope; I mutter to myself: a sickly smell, the colour worn by widows; I must remember that in writing my next description of a summer evening. I catch an idea in every sentence of yours or of my own, and hasten to lock all these treasures in my literary store-room, thinking that some day they may be useful to me. As soon as I stop working I rush off to the theatre or go fishing, in the hope that I may find oblivion there, but no! Some new subject for a story is sure to come rolling through my brain like an iron cannonball. I hear my desk calling, and have to go back to it and begin to write, write, write, once more. And so it goes for everlasting. I cannot escape myself, though I feel that I am consuming my life. To prepare the honey I feed to unknown crowds, I am doomed to brush the bloom from my dearest flowers, to tear them from their stems, and trample the roots that bore them under foot. Am I not a madman? Should I not be treated by those who know me as one mentally diseased? Yet it is always the same, same old story, till I begin to think that all this praise and admiration must be a deception, that I am being hoodwinked because they know I am crazy, and I sometimes tremble lest I should be grabbed from behind and whisked off to a lunatic asylum. The best years of my youth were made one continual agony for me by my writing. A young author, especially if at first he does not make a success, feels clumsy, ill-at-ease, and superfluous in the world. His nerves are all

издерганы; неудержимо бродит он около людей, причастных к литературе и к искусству, непризнанный, никем не замечаемый, боясь прямо и смело глядеть в глаза, точно страстный игрок, у которого нет денег. Я не видел своего читателя, но почему-то в моем воображении он представлялся мне недружелюбным, недоверчивым. Я боялся публики, она была страшна мне, и когда мне приходилось ставить свою новую пьесу, то мне казалось всякий раз, что брюнеты враждебно настроены, а блондины холодно равнодушны. О, как это ужасно! Какое это было мучение!

Нина. Позвольте, но разве вдохновение и самый процесс творчества не дают вам высоких, счастливых минут?

Тригорин. Да. Когда пишу, приятно. И корректуру читать приятно, но… едва вышло из печати, как я не выношу, и вижу уже, что оно не то, ошибка, что его не следовало бы писать вовсе, и мне досадно, на душе дрянно… *(Смеясь.)* А публика читает: «Да, мило, талантливо… Мило, но далеко до Толстого», или: «Прекрасная вещь, но „Отцы и дети“ Тургенева лучше». И так до гробовой доски все будет только мило и талантливо, мило и талантливо — больше ничего, а как умру, знакомые, проходя мимо могилы, будут говорить: «Здесь лежит Тригорин. Хороший был писатель, но он писал хуже Тургенева».

Нина. Простите, я отказываюсь понимать вас. Вы просто избалованы успехом.

Тригорин. Каким успехом? Я никогда не нравился себе. Я не люблю себя как писателя. Хуже всего, что я в каком-то чаду и часто не понимаю, что я пишу… Я люблю вот эту воду, деревья, небо, я чувствую природу, она возбуждает во мне страсть, непреодолимое желание писать. Но ведь я не пейзажист только, я ведь еще гражданин, я люблю родину, народ, я чувствую, что если я писатель, то я обязан говорить о народе, об его страданиях, об его будущем, говорить о науке, о правах человека и прочее и прочее, и я говорю обо всем, тороплюсь, меня со всех сторон подгоняют, сердятся, я мечусь из стороны в сторону, как лисица, затравленная псами, вижу, что жизнь и наука все уходят вперед и вперед, а я все отстаю и отстаю, как мужик, опоздавший на поезд, и, в конце концов, чувствую, что я умею писать только пейзаж, а во всем остальном я фальшив и фальшив до мозга костей.

on edge and stretched to the point of breaking; he is irresistibly attracted to literary and artistic people, and hovers about them unknown and unnoticed, fearing to look them bravely in the eye, like a man with a passion for gambling, whose money is all gone. I did not know my readers, but for some reason I imagined they were distrustful and unfriendly; I was mortally afraid of the public, and when my first play appeared, it seemed to me as if all the dark eyes in the audience were looking at it with enmity, and all the blue ones with cold indifference. Oh, how terrible it was! What agony!

Nina. But don't your inspiration and the act of creation give you moments of lofty happiness?

Trigorin. Yes. Writing is a pleasure to me, and so is reading the proofs, but no sooner does a book leave the press than it becomes odious to me; it is not what I meant it to be; I made a mistake to write it at all; I am provoked and discouraged. Then the public reads it and says: "Yes, it is clever and pretty, but not nearly as good as Tolstoi," or "It is a lovely thing, but not as good as Turgenieff's 'Fathers and Sons,'" and so it will always be. To my dying day I shall hear people say: "Clever and pretty; clever and pretty," and nothing more; and when I am gone, those that knew me will say as they pass my grave: "Here lies Trigorin, a clever writer, but he was not as good as Turgenieff."

Nina. You must excuse me, but I decline to understand what you are talking about. The fact is, you have been spoilt by your success.

Trigorin. What success have I had? I have never pleased myself; as a writer, I do not like myself at all. The trouble is that I am made giddy, as it were, by the fumes of my brain, and often hardly know what I am writing. I love this lake, these trees, the blue heaven; nature's voice speaks to me and wakes a feeling of passion in my heart, and I am overcome by an uncontrollable desire to write. But I am not only a painter of landscapes, I am a man of the city besides. I love my country, too, and her people; I feel that, as a writer, it is my duty to speak of their sorrows, of their future, also of science, of the rights of man, and so forth. So I write on every subject, and the public hounds me on all sides, sometimes in anger, and I race and dodge like a fox with a pack of hounds on his trail. I see life and knowledge flitting away before me. I am left behind them like a peasant who has missed his train at a station, and finally I come back to the conclusion that all I am fit for is to describe landscapes, and that whatever else I attempt rings abominably false.

Нина. Вы заработались, и у вас нет времени и охоты сознать свое значение. Пусть вы недовольны собою, но для других вы велики и прекрасны! Если бы я была таким писателем, как вы, то я отдала бы толпе всю свою жизнь, но сознавала бы, что счастье ее только в том, чтобы возвышаться до меня, и она возила бы меня на колеснице.

Тригорин. Ну, на колеснице... Агамемнон я, что ли?

Оба улыбнулись.

Нина. За такое счастье, как быть писательницей или артисткой, я перенесла бы нелюбовь близких, нужду, разочарование, я жила бы под крышей и ела бы только ржаной хлеб, страдала бы от недовольства собою, от сознания своих несовершенств, но зато бы уж я потребовала славы... настоящей, шумной славы... *(Закрывает лицо руками.)* Голова кружится... Уф!..

Голос Аркадиной *(из дому)*: «Борис Алексеевич!»

Тригорин. Меня зовут... Должно быть, укладываться. А не хочется уезжать. *(Оглядывается на озеро.)* Ишь ведь какая благодать!.. Хорошо!

Нина. Видите на том берегу дом и сад?

Тригорин. Да.

Нина. Это усадьба моей покойной матери. Я там родилась. Я всю жизнь провела около этого озера и знаю на нем каждый островок.

Тригорин. Хорошо у вас тут! *(Увидев чайку.)* А это что?

Нина. Чайка. Константин Гаврилыч убил.

Тригорин. Красивая птица. Право, не хочется уезжать. Вот уговорите-ка Ирину Николаевну, чтобы она осталась. *(Записывает в книжку.)*

Нина. Что это вы пишете?

Тригорин. Так, записываю... Сюжет мелькнул... *(Пряча книжку.)* Сюжет для небольшого рассказа: на берегу озера с детства живет молодая девушка, такая, как вы; любит озеро, как чайка, и счастлива, и свободна, как чайка. Но случайно пришел человек, увидел и от нечего делать погубил ее, как вот эту чайку.

Пауза. В окне показывается Аркадина.

Аркадина. Борис Алексеевич, где вы?

Тригорин. Сейчас! *(Идет и оглядывается на Нину; у окна, Аркадиной.)* Что?

Nina. You work too hard to realise the importance of your writings. What if you are discontented with yourself? To others you appear a great and splendid man. If I were a writer like you I should devote my whole life to the service of the Russian people, knowing at the same time that their welfare depended on their power to rise to the heights I had attained, and the people should send me before them in a chariot of triumph.

Trigorin. In a chariot? Do you think I am Agamemnon? [*They both smile.*]

Nina. For the bliss of being a writer or an actress I could endure want, and disillusionment, and the hatred of my friends, and the pangs of my own dissatisfaction with myself; but I should demand in return fame, real, resounding fame! [*She covers her face with her hands*] Whew! My head reels!

The Voice Of Arkadina. [*From inside the house*] Boris! Boris!

Trigorin. She is calling me, probably to come and pack, but I don't want to leave this place. [*His eyes rest on the lake*] What a blessing such beauty is!

Nina. Do you see that house there, on the far shore?

Trigorin. Yes.

Nina. That was my dead mother's home. I was born there, and have lived all my life beside this lake. I know every little island in it.

Trigorin. This is a beautiful place to live. [*He catches sight of the dead sea-gull*] What is that?

Nina. A gull. Constantine shot it.

Trigorin. What a lovely bird! Really, I can't bear to go away. Can't you persuade Irina to stay? [*He writes something in his note-book.*]

Nina. What are you writing?

Trigorin. Nothing much, only an idea that occurred to me. [*He puts the book back in his pocket*] An idea for a short story. A young girl grows up on the shores of a lake, as you have. She loves the lake as the gulls do, and is as happy and free as they. But a man sees her who chances to come that way, and he destroys her out of idleness, as this gull here has been destroyed. [*A pause. **Arkadina** appears at one of the windows.*]

Arkadina. Boris! Where are you?

Trigorin. I am coming this minute.

He goes toward the house, looking back at NINA. ARKADINA remains at the window.

Trigorin. What do you want?

Аркадина. Мы остаемся.

Тригорин уходит в дом.

Нина *(подходит к рампе; после некоторого раздумья).* Сон!

Занавес

Arkadina. We are not going away, after all.

TRIGORIN goes into the house. NINA comes forward and stands lost in thought.

Nina. It is a dream!

The curtain falls.

Действие третье

Столовая в доме Сорина. Направо и налево двери. Буфет. Шкап с лекарствами. Посреди комнаты стол. Чемодан и картонки; заметны приготовления к отъезду. Тригорин завтракает, Маша стоит у стола.

Маша. Все это я рассказываю вам, как писателю. Можете воспользоваться. Я вам по совести: если бы он ранил себя серьезно, то я не стала бы жить ни одной минуты. А все же я храбрая. Вот взяла и решила: вырву эту любовь из своего сердца, с корнем вырву.

Тригорин. Каким же образом?

Маша. Замуж выхожу. За Медведенка.

Тригорин. Это за учителя?

Маша. Да.

Тригорин. Не понимаю, какая надобность.

Маша. Любить безнадежно, целые годы все ждать чего-то... А как выйду замуж, будет уже не до любви, новые заботы заглушат все старое. И все-таки, знаете ли, перемена. Не повторить ли нам?

Тригорин. А не много ли будет?

Маша. Ну, вот! *(Наливает по рюмке.)* Вы не смотрите на меня так. Женщины пьют чаще, чем вы думаете. Меньшинство пьет открыто, как я, а большинство тайно. Да. И всё водку или коньяк. *(Чокается.)* Желаю вам! Вы человек простой, жалко с вами расставаться.

Пьют.

Тригорин. Мне самому не хочется уезжать.

Маша. А вы попросите, чтобы она осталась.

Тригорин. Нет, теперь не останется. Сын ведет себя крайне бестактно. То стрелялся, а теперь, говорят, собирается меня на дуэль вызвать. А чего ради? Дуется, фыркает, проповедует новые формы... Но ведь всем хватит места, и новым и старым, — зачем толкаться?

Маша. Ну, и ревность. Впрочем, это не мое дело.

Пауза. Яков проходит слева направо с чемоданом; входит Нина и останавливается у окна.

Third Act

The dining-room of SORIN'S house. Doors open out of it to the right and left. A table stands in the centre of the room. Trunks and boxes encumber the floor, and preparations for departure are evident. TRIGORIN is sitting at a table eating his breakfast, and MASHA is standing beside him.

Masha. I am telling you all these things because you write books and they may be useful to you. I tell you honestly, I should not have lived another day if he had wounded himself fatally. Yet I am courageous; I have decided to tear this love of mine out of my heart by the roots.

Trigorin. How will you do it?

Masha. By marrying Medviedenko.

Trigorin. The school-teacher?

Masha. Yes.

Trigorin. I don't see the necessity for that.

Masha. Oh, if you knew what it is to love without hope for years and years, to wait for ever for something that will never come! I shall not marry for love, but marriage will at least be a change, and will bring new cares to deaden the memories of the past. Shall we have another drink?

Trigorin. Haven't you had enough?

Masha. Fiddlesticks! [*She fills a glass*] Don't look at me with that expression on your face. Women drink oftener than you imagine, but most of them do it in secret, and not openly, as I do. They do indeed, and it is always either vodka or brandy. [*They touch glasses*] To your good health! You are so easy to get on with that I am sorry to see you go. [*They drink.*]

Trigorin. And I am sorry to leave.

Masha. You should ask her to stay.

Trigorin. She would not do that now. Her son has been behaving outrageously. First he attempted suicide, and now I hear he is going to challenge me to a duel, though what his provocation may be I can't imagine. He is always sulking and sneering and preaching about a new form of art, as if the field of art were not large enough to accommodate both old and new without the necessity of jostling.

Masha. It is jealousy. However, that is none of my business. [*A pause. JACOB walks through the room carrying a trunk; NINA comes in and stands by the window*]

Мой учитель не очень-то умен, но добрый человек и бедняк, и меня сильно любит. Его жалко. И его мать старушку жалко. Ну-с, позвольте пожелать вам всего хорошего. Не поминайте лихом. *(Крепко пожимает руку.)* Очень вам благодарна за ваше доброе расположение. Пришлите же мне ваши книжки, непременно с автографом. Только не пишите «многоуважаемой», а просто так: «Марье, родства не помнящей, неизвестно для чего живущей на этом свете». Прощайте! *(Уходит.)*

Нина *(протягивая в сторону Тригорина руку, сжатую в кулак).* Чёт или нечет?

Тригорин. Чёт.

Нина *(вздохнув).* Нет. У меня в руке только одна горошина. Я загадала: идти мне в актрисы или нет? Хоть бы посоветовал кто.

Тригорин. Тут советовать нельзя. *Пауза.*

Нина. Мы расстаемся и... пожалуй, более уже не увидимся. Я прошу вас принять от меня на память вот этот маленький медальон. Я приказала вырезать ваши инициалы... а с этой стороны название вашей книжки: «Дни и ночи».

Тригорин. Как грациозно! *(Целует медальон.)* Прелестный подарок!

Нина. Иногда вспоминайте обо мне.

Тригорин. Я буду вспоминать. Я буду вспоминать вас, какою вы были в тот ясный день — помните? — неделю назад, когда вы были в светлом платье... мы разговаривали... еще тогда на скамье лежала белая чайка.

Нина *(задумчиво).* Да, чайка... *Пауза.* Больше нам говорить нельзя, сюда идут... Перед отъездом дайте мне две минуты, умоляю вас... *(Уходит влево.)*

Одновременно входят справа Аркадина, Сорин во фраке со звездой, потом Яков, озабоченный укладкой.

Аркадина. Оставайся-ка, старик, дома. Тебе ли с твоим ревматизмом разъезжать по гостям? *(Тригорину.)* Это кто сейчас вышел? Нина?

Тригорин. Да.

Аркадина. Pardon, мы помешали... *(Садится.)* Кажется, все уложила. Замучилась.

Тригорин *(читает на медальоне).* «Дни и ночи», страница 121, строки 11 и 12.

Яков *(убирая со стола).* Удочки тоже прикажете уложить?

That schoolteacher of mine is none too clever, but he is very good, poor man, and he loves me dearly, and I am sorry for him. However, let me say good-bye and wish you a pleasant journey. Remember me kindly in your thoughts. [*She shakes hands with him*] Thanks for your goodwill. Send me your books, and be sure to write something in them; nothing formal, but simply this: "To Masha, who, forgetful of her origin, for some unknown reason is living in this world." Good-bye. [*She goes out.*]

Nina. [*Holding out her closed hand to TRIGORIN*] Is it odd or even?

Trigorin. Even.
Nina. [*With a sigh*] No, it is odd. I had only one pea in my hand. I wanted to see whether I was to become an actress or not. If only some one would advise me what to do!
Trigorin. One cannot give advice in a case like this. [*A pause.*]
Nina. We shall soon part, perhaps never to meet again. I should like you to accept this little medallion as a remembrance of me. I have had your initials engraved on it, and on this side is the name of one of your books: "Days and Nights."
Trigorin. How sweet of you! [*He kisses the medallion*] It is a lovely present.
Nina. Think of me sometimes.
Trigorin. I shall never forget you. I shall always remember you as I saw you that bright day—do you recall it?—a week ago, when you wore your light dress, and we talked together, and the white seagull lay on the bench beside us.
Nina. [*Lost in thought*] Yes, the sea-gull. [*A pause*] I beg you to let me see you alone for two minutes before you go.
She goes out to the left. At the same moment ARKADINA comes in from the right, followed by SORIN in a long coat, with his orders on his breast, and by JACOB, who is busy packing.
Arkadina. Stay here at home, you poor old man. How could you pay visits with that rheumatism of yours? [*To TRIGORIN*] Who left the room just now, was it Nina?
Trigorin. Yes.
Arkadina. I beg your pardon; I am afraid we interrupted you. [*She sits down*] I think everything is packed. I am absolutely exhausted.
Trigorin. [*Reading the inscription on the medallion*] "Days and Nights, page 121, lines 11 and 12."
Jacob. [*Clearing the table*] Shall I pack your fishing-rods, too, sir?

Тригорин. Да, они мне еще понадобятся. А книги отдай кому-нибудь.

Яков. Слушаю.

Тригорин *(про себя).* Страница 121, строки 11 и 12. Что же в этих строках? *(Аркадиной.)* Тут в доме есть мои книжки?

Аркадина. У брата в кабинете, в угловом шкапу.

Тригорин. Страница 121... *(Уходит.)*

Аркадина. Право, Петруша, остался бы дома...

Сорин. Вы уезжаете, без вас мне будет тяжело дома.

Аркадина. А в городе что же?

Сорин. Особенного ничего, но все же. *(Смеется.)* Будет закладка земского дома и все такое... Хочется хоть на час-другой воспрянуть от этой пискариной жизни, а то очень уж я залежался, точно старый мундштук. Я приказал подавать лошадей к часу, в одно время и выедем.

Аркадина.(*после паузы*). Ну, живи тут, не скучай, не простуживайся. Наблюдай за сыном. Береги его. Наставляй. *Пауза.* Вот уеду, так и не буду знать, отчего стрелялся Константин. Мне кажется, главной причиной была ревность, и чем скорее я увезу отсюда Тригорина, тем лучше.

Сорин. Как тебе сказать? Были и другие причины. Понятная вещь, человек молодой, умный, живет в деревне, в глуши, без денег, без положения, без будущего. Никаких занятий. Стыдится и боится своей праздности. Я его чрезвычайно люблю, и он ко мне привязан, но все же, в конце концов, ему кажется, что он лишний в доме, что он тут нахлебник, приживал. Понятная вещь, самолюбие...

Аркадина. Горе мне с ним! *(В раздумье.)* Поступить бы ему на службу, что ли...

Сорин.(*насвистывает, потом нерешительно*). Мне кажется, было бы самое лучшее, если бы ты... дала ему немного денег. Прежде всего ему нужно одеться по-человечески и все. Посмотри, один и тот же сюртучишко он таскает три года, ходит без пальто... *(Смеется.)* Да и погулять малому не мешало бы... Поехать за границу, что ли... Это ведь не дорого стоит.

Аркадина. Все-таки... Пожалуй, на костюм я еще могу, но чтоб за границу... Нет, в настоящее время и на костюм не могу. *(Решительно.)* Нет у меня денег! *Сорин смеется.* Нет!

Trigorin. Yes, I shall need them, but you can give my books away.

Jacob. Very well, sir.

Trigorin. [*To himself*] Page 121, lines 11 and 12. [*To ARKADINA*] Have we my books here in the house?

Arkadina. Yes, they are in my brother's library, in the corner cupboard.

Trigorin. Page 121—[*He goes out.*]

Arkadina. It's better that you stay here, Peter.

Sorin. You are going away, and I shall be lonely without you.

Arkadina. What would you do in town?

Sorin. Oh, nothing in particular, but somehow—[*He laughs*] They are soon to lay the corner-stone of the new court-house here. How I should like to leap out of this minnow-pond, if but for an hour or two! I am tired of lying here like an old cigarette stump. I have ordered the carriage for one o'clock. We can go away together.

Arkadina. [*After a pause*] No, you must stay here. Don't be lonely, and don't catch cold. Keep an eye on my boy. Take good care of him; guide him along the proper paths. [*A pause*] I am going away, and so shall never find out why Constantine shot himself, but I think the chief reason was jealousy, and the sooner I take Trigorin away, the better.

Sorin. There were—how shall I explain it to you?—other reasons besides jealousy for his act. Here is a clever young chap living in the depths of the country, without money or position, with no future ahead of him, and with nothing to do. He is ashamed and afraid of being so idle. I am devoted to him and he is fond of me, but nevertheless he feels that he is useless here, that he is little more than a dependent in this house. It is the pride in him.

Arkadina. He is a misery to me! [*Thoughtfully*] He might possibly enter the army.

Sorin. [*Gives a whistle, and then speaks with hesitation*] It seems to me that the best thing for him would be if you were to let him have a little money. For one thing, he ought to be allowed to dress like a human being. See how he looks! Wearing the same little old coat that he has had for three years, and he doesn't even possess an overcoat! [*Laughing*] And it wouldn't hurt the youngster to sow a few wild oats; let him go abroad, say, for a time. It wouldn't cost much.

Arkadina. Yes, but—However, I think I might manage about his clothes, but I couldn't let him go abroad. And no, I don't think I can let him have his clothes even, now. [*Decidedly*] I have no money at present. *SORIN laughs.* I haven't indeed.

Сорин *(насвистывает)*. Так-с. Прости, милая, не сердись. Я тебе верю... Ты великодушная, благородная женщина.

Аркадина.*(сквозь слезы)*. Нет у меня денег!

Сорин. Будь у меня деньги, понятная вещь, я бы сам дал ему, но у меня ничего нет, ни пятачка. *(Смеется.)* Всю мою пенсию у меня забирает управляющий и тратит на земледелие, скотоводство, пчеловодство, и деньги мои пропадают даром. Пчелы дохнут, коровы дохнут, лошадей мне никогда не дают...

Аркадина. Да, у меня есть деньги, но ведь я артистка; одни туалеты разорили совсем.

Сорин. Ты добрая, милая... Я тебя уважаю... Да... Но опять со мною что-то того... *(Пошатывается.)* Голова кружится. *(Держится за стол.)* Мне дурно и все.

Аркадина.*(испуганно)*. Петруша! *(Стараясь поддержать его.)* Петруша, дорогой мой... *(Кричит.)* Помогите мне! Помогите!..

Входят Треплев с повязкой на голове, Медведенко.

Ему дурно!

Сорин. Ничего, ничего... *(Улыбается и пьет воду.)* Уже прошло... и все...

Треплев *(матери)*. Не пугайся, мама, это не опасно. С дядей теперь это часто бывает. *(Дяде.)* Тебе, дядя, надо полежать.

Сорин. Немножко, да... А все-таки в город я поеду... Полежу и поеду... понятная вещь... *(Идет, опираясь на трость.)*

Медведенко *(ведет его под руку)*. Есть загадка: утром на четырех, в полдень на двух, вечером на трех...

Сорин.*(смеется)*. Именно. А ночью на спине. Благодарю вас, я сам могу идти...

Медведенко. Ну вот, церемонии!..

Он и Сорин уходят.

Аркадина. Как он меня напугал!

Треплев. Ему нездорово жить в деревне. Тоскует. Вот если бы ты, мама, вдруг расщедрилась и дала ему взаймы тысячи полторы-две, то он мог бы прожить в городе целый год.

Аркадина. У меня нет денег. Я актриса, а не банкирша.

Пауза.

Треплев. Мама, перемени мне повязку. Ты это хорошо делаешь.

Sorin. [*Whistles*] Very well. Forgive me, darling; don't be angry. You are a noble, generous woman!

Arkadina. [*Weeping*] I really haven't the money.

Sorin. If I had any money of course I should let him have some myself, but I haven't even a penny. The farm manager takes my pension from me and puts it all into the farm or into cattle or bees, and in that way it is always lost for ever. The bees die, the cows die, they never let me have a horse.

Arkadina. Of course I have some money, but I am an actress and my expenses for dress alone are enough to bankrupt me.

Sorin. You are a dear, and I am very fond of you, indeed I am. But something is the matter with me again. [*He staggers*] I feel giddy. [*He leans against the table*] I feel faint, and all.

Arkadina. [*Frightened*] Peter! [*She tries to support him*] Peter! dearest! [*She calls*] Help! Help!

TREPLIEFF and MEDVIEDENKO come in; TREPLIEFF has a bandage around his head.

Arkadina. He is fainting!

Sorin. I am all right. [*He smiles and drinks some water*] It is all over now.

Treplieff. [*To his mother*] Don't be frightened, mother, these attacks are not dangerous; my uncle often has them now. [*To his uncle*] You must go and lie down, Uncle.

Sorin. Yes, I think I shall, for a few minutes. I am going to Moscow all the same, but I shall lie down a bit before I start. [*He goes out leaning on his cane.*]

Medviedenko. [*Giving him his arm*] Do you know this riddle? On four legs in the morning; on two legs at noon; and on three legs in the evening?

Sorin. [*Laughing*] Yes, exactly, and on one's back at night. Thank you, I can walk alone.

Medviedenko. Dear me, what formality! [*He and **Sorin** go out.*]

Arkadina. He gave me a dreadful fright.

Treplieff. It is not good for him to live in the country. Mother, if you would only untie your purse-strings for once, and lend him a thousand roubles! He could then spend a whole year in town.

Arkadina. I have no money. I am an actress and not a banker. [*A pause.*]

Treplieff. Please change my bandage for me, mother, you do it so gently.

Аркадина.(*достает из аптечного шкапа иодоформ и ящик с перевязочным материалом*). А доктор опоздал.

Треплев. Обещал быть к десяти, а уже полдень.

Аркадина. Садись. (*Снимает у него с головы повязку.*) Ты как в чалме. Вчера один приезжий спрашивал на кухне, какой ты национальности. А у тебя почти совсем зажило. Остались самые пустяки. (*Целует его в голову.*) А ты без меня опять не сделаешь чик-чик?

Треплев. Нет, мама. То была минута безумного отчаяния, когда я не мог владеть собою. Больше это не повторится. (*Целует ей руку.*) У тебя золотые руки. Помню, очень давно, когда ты еще служила на казенной сцене, — я тогда был маленьким, — у нас во дворе была драка, сильно побили жилицу-прачку. Помнишь? Ее подняли без чувств... ты все ходила к ней, носила лекарства, мыла в корыте ее детей. Неужели не помнишь?

Аркадина. Нет. (*Накладывает новую повязку.*)

Треплев. Две балерины жили тогда в том же доме, где мы... Ходили к тебе кофе пить...

Аркадина. Это помню.

Треплев. Богомольные они такие были. *Пауза.*В последнее время, вот в эти дни, я люблю тебя так же нежно и беззаветно, как в детстве. Кроме тебя, теперь у меня никого не осталось. Только зачем, зачем между мной и тобой стал этот человек.

Аркадина. Ты не понимаешь его, Константин. Это благороднейшая личность...

Треплев. Однако, когда ему доложили, что я собираюсь вызвать его на дуэль, благородство не помешало ему сыграть труса. Уезжает. Позорное бегство!

Аркадина. Какой вздор! Я сама увожу его отсюда. Наша близость, конечно, не может тебе нравиться, но ты умен и интеллигентен, я имею право требовать от тебя, чтобы ты уважал мою свободу.

Треплев. Я уважаю твою свободу, но и ты позволь мне быть свободным и относиться к этому человеку как я хочу. Благороднейшая личность! Вот мы с тобою почти ссоримся из-за него, а он теперь где-нибудь в гостиной или в саду смеется надо мной и над тобой, развивает Нину, старается окончательно убедить ее, что он гений.

Arkadina *(goes to the cupboard and takes out a box of bandagesand a bottle of iodine).* The doctor is late.

Treplieff. Yes, he promised to be here at nine, and now it is noon already.

Arkadina. Sit down. [*She takes the bandage off his head*] You look as if you had a turban on. A stranger that was in the kitchen yesterday asked to what nationality you belonged. Your wound is almost healed. [*She kisses his head*] You won't be up to any more of these silly tricks again, will you, when I am gone?

Treplieff. No, mother. I did that in a moment of insane despair, when I had lost all control over myself. It will never happen again. [*He kisses her hand*] Your touch is golden. I remember when you were still acting at the State Theatre, long ago, when I was still a little chap, there was a fight one day in our court, and a poor washerwoman was almost beaten to death. She was picked up unconscious, and you nursed her till she was well, and bathed her children in the washtubs. Have you forgotten it?

Arkadina. Yes, entirely. [*She puts on a new bandage.*]

Treplieff. Two ballet dancers lived in the same house, and they used to come and drink coffee with you.

Arkadina. I remember that.

Treplieff. They were very pious. [*A pause*] I love you again, these last few days, as tenderly and trustingly as I did as a child. I have no one left me now but you. Why, why do you let yourself be controlled by that man?

Arkadina. You don't understand him, Constantine. He has a wonderfully noble personality.

Treplieff. Nevertheless, when he has been told that I wish to challenge him to a duel his nobility does not prevent him from playing the coward. He is about to beat an ignominious retreat.

Arkadina. What nonsense! I have asked him myself to go. You can't like how close we are, but you are smart and cultured, and I have the right to demand that you respect my freedom.

Treplieff. A noble personality indeed! Here we are almost quarrelling over him, and he is probably in the garden laughing at us at this very moment, or else enlightening Nina's mind and trying to persuade her into thinking him a man of genius.

Аркадина. Для тебя наслаждение говорить мне неприятности. Я уважаю этого человека и прошу при мне не выражаться о нем дурно.

Треплев. А я не уважаю. Ты хочешь, чтобы я тоже считал его гением, но, прости, я лгать не умею, от его произведений мне претит.

Аркадина. Это зависть. Людям не талантливым, но с претензиями, ничего больше не остается, как порицать настоящие таланты. Нечего сказать, утешение!

Треплев.*(иронически).* Настоящие таланты! *(Гневно.)* Я талантливее вас всех, коли на то пошло! *(Срывает с головы повязку.)* Вы, рутинеры, захватили первенство в искусстве и считаете законным и настоящим лишь то, что делаете вы сами, а остальное вы гнетете и душите! Не признаю я вас! Не признаю ни тебя, ни его!

Аркадина. Декадент!..

Треплев. Отправляйся в свой милый театр и играй там в жалких, бездарных пьесах!

Аркадина. Никогда я не играла в таких пьесах. Оставь меня! Ты и жалкого водевиля написать не в состоянии. Киевский мещанин! Приживал!

Треплев. Скряга!

Аркадина. Оборвыш!

Треплев садится и тихо плачет.

Ничтожество! *(Пройдясь в волнении.)* Не плачь. Не нужно плакать... *(Плачет.)* Не надо... *(Целует его в лоб, в щеки, в голову.)* Милое мое дитя, прости... Прости свою грешную мать. Прости меня несчастную.

Треплев.*(обнимает ее.)* Если бы ты знала! Я все потерял. Она меня не любит, я уже не могу писать... пропали все надежды...

Аркадина. Не отчаивайся... Все обойдется. Я сейчас увезу его, она опять тебя полюбит. *(Утирает ему слезы.)* Будет. Мы уже помирились.

Треплев.*(целует ей руки).* Да, мама.

Аркадина.*(нежно).* Помирись и с ним. Не надо дуэли... Ведь не надо?

Треплев. Хорошо... Только, мама, позволь мне не встречаться с ним. Мне это тяжело... выше сил... *(Входит Тригорин.)* Вот... Я выйду... *(Быстро убирает, в шкап лекарства.)* А повязку ужо доктор сделает...

Arkadina. You enjoy saying unpleasant things to me. I have the greatest respect for that man, and I must ask you not to speak ill of him in my presence.

Treplieff. I have no respect for him at all. You want me to think him a genius, as you do, but I refuse to lie: his books make me sick.

Arkadina. You envy him. There is nothing left for people with no talent and mighty pretensions to do but to criticise those who are really gifted. I hope you enjoy the consolation it brings.

Treplieff. [*With irony*] Those who are really gifted, indeed! [*Angrily*] I am cleverer than any of you, if it comes to that! [*He tears the bandage off his head*] You are the slaves of convention, you have seized the upper hand and now lay down as law everything that you do; all else you strangle and trample on. I refuse to accept your point of view, yours and his, I refuse!

Arkadina. That is the talk of a decadent.

Treplieff. Go back to your beloved stage and act the miserable ditch-water plays you so much admire!

Arkadina. I never acted in a play like that in my life. You couldn't write even the trashiest music-hall farce, you idle good-for-nothing!

Treplieff. Miser!

Arkadina. Rag-bag!

TREPLIEFF sits down and begins to cry softly.

Arkadina. [*Walking up and down in great excitement*] Don't cry! You mustn't cry! [*She bursts into tears*] You really mustn't. [*She kisses his forehead, his cheeks, his head*] My darling child, forgive me. Forgive your wicked mother.

Treplieff. [*Embracing her*] Oh, if you could only know what it is to have lost everything under heaven! She does not love me. I see I shall never be able to write. Every hope has deserted me.

Arkadina. Don't despair. This will all pass. He is going away to-day, and she will love you once more. [*She wipes away his tears*] Stop crying. We have made peace again.

Treplieff. [*Kissing her hand*] Yes, mother.

Arkadina. [*Tenderly*] Make your peace with him, too. Don't fight with him. You surely won't fight?

Treplieff. I won't, but you must not insist on my seeing him again, mother, I couldn't stand it. [*TRIGORIN comes in*] There he is; I am going. [*He quickly puts the medicines away in the cupboard*] The doctor will attend to my head.

Тригорин *(ищет в книжке)*. Страница 121... строки 11 и 12... Вот... *(Читает.)* «Если тебе когда-нибудь понадобится моя жизнь, то приди и возьми ее».

Треплев подбирает с полу повязку и уходит.

Аркадина.*(поглядев на часы)*. Скоро лошадей подадут.

Тригорин *(про себя)*. Если тебе когда-нибудь понадобится моя жизнь, то приди и возьми ее.

Аркадина. У тебя, надеюсь, все уже уложено?

Тригорин *(нетерпеливо)*. Да, да... *(В раздумье.)* Отчего в этом призыве чистой души послышалась мне печаль и мое сердце так болезненно сжалось?.. Если тебе когда-нибудь понадобится моя жизнь, то приди и возьми ее. *(Аркадиной.)* Останемся еще на один день!

Аркадина отрицательно качает головой.

Останемся!

Аркадина. Милый, я знаю, что удерживает тебя здесь. Но имей над собою власть. Ты немного опьянел, отрезвись.

Тригорин. Будь ты тоже трезва, будь умна, рассудительна, умоляю тебя, взгляни на все это, как истинный друг... *(Жмет ей руку.)* Ты способна на жертвы... Будь моим другом, отпусти меня...

Аркадина.*(в сильном волнении)*. Ты так увлечен?

Тригорин. Меня манит к ней! Быть может, это именно то, что мне нужно.

Аркадина. Любовь провинциальной девочки? О, как ты мало себя знаешь!

Тригорин. Иногда люди спят на ходу, так вот я говорю с тобою, а сам будто сплю и вижу ее во сне... Мною овладели сладкие, дивные мечты... Отпусти...

Аркадина.*(дрожа)*. Нет, нет... Я обыкновенная женщина, со мною нельзя говорить так... Не мучай меня, Борис... Мне страшно...

Тригорин. Если захочешь, ты можешь быть необыкновенною. Любовь юная, прелестная, поэтическая, уносящая в мир грёз, — на земле только она одна может дать счастье! Такой любви я не испытал еще... В молодости было некогда, я обивал пороги редакций, боролся с нуждой... Теперь вот она, эта любовь, пришла наконец, манит... Какой же смысл бежать от нее?

Trigorin. [*Looking through the pages of a book*] Page 121, lines 11 and 12; here it is. [*He reads*] "If at any time you should have need of my life, come and take it."

TREPLIEFF picks up the bandage off the floor and goes out.

Arkadina. [*Looking at her watch*] The carriage will soon be here.

Trigorin. [*To himself*] If at any time you should have need of my life, come and take it.

Arkadina. I hope your things are all packed.

Trigorin. [*Impatiently*] Yes, yes. [*In deep thought*] Why do I hear a note of sadness that wrings my heart in this cry of a pure soul? If at any time you should have need of my life, come and take it. [*To ARKADINA*] Let us stay here one more day!

ARKADINA shakes her head.

Trigorin. Do let us stay!

Arkadina. I know, dearest, what keeps you here, but you must control yourself. Be sober; your emotions have intoxicated you a little.

Trigorin. You must be sober, too. Be sensible; look upon what has happened as a true friend would. [*Taking her hand*] You are capable of self-sacrifice. Be a friend to me and release me!

Arkadina. [*In deep excitement*] Are you so much in love?

Trigorin. I am irresistibly impelled toward her. It may be that this is just what I need.

Arkadina. What, the love of a country girl? Oh, how little you know yourself!

Trigorin. People sometimes walk in their sleep, and so I feel as if I were asleep, and dreaming of her as I stand here talking to you. My imagination is shaken by the sweetest and most glorious visions. Release me!

Arkadina. [*Shuddering*] No, no! I am only an ordinary woman; you must not say such things to me. Do not torment me, Boris; you frighten me.

Trigorin. You could be an extraordinary woman if you only would. Love alone can bring happiness on earth, love the enchanting, the poetical love of youth, that sweeps away the sorrows of the world. I had no time for it when I was young and struggling with want and laying siege to the literary fortress, but now at last this love has come to me. I see it beckoning; why should I fly?

Аркадина.(*с гневом*). Ты сошел с ума!

Тригорин. И пускай.

Аркадина. Вы все сговорились сегодня мучить меня! (*Плачет.*)

Тригорин (*берет себя за голову*). Не понимает! Не хочет понять!

Аркадина. Неужели я уже так стара и безобразна, что со мною можно, не стесняясь, говорить о других женщинах? (*Обнимает его и целует.*) О, ты обезумел! Мой прекрасный, дивный... Ты, последняя страница моей жизни! (*Становится на колени.*) Моя радость, моя гордость, мое блаженство... (*Обнимает его колени.*) Если ты покинешь меня, хотя на один час, то я не переживу, сойду с ума, мой изумительный, великолепный, мой повелитель...

Тригорин. Сюда могут войти. (*Помогает ей встать.*)

Аркадина. Пусть, я не стыжусь моей любви к тебе. (*Целует ему руки.*) Сокровище мое, отчаянная голова, ты хочешь безумствовать, но я не хочу, не пущу... (*Смеется.*) Ты мой... ты мой... И этот лоб мой, и глаза мои, и эти прекрасные шелковистые волосы тоже мои... Ты весь мой. Ты такой талантливый, умный, лучший из всех теперешних писателей, ты единственная надежда России... У тебя столько искренности, простоты, свежести, здорового юмора... Ты можешь одним штрихом передать главное, что характерно для лица или пейзажа, люди у тебя, как живые. О, тебя нельзя читать без восторга! Ты думаешь, это фимиам? Я льщу? Ну, посмотри мне в глаза... посмотри... Похожа я на лгунью? Вот и видишь, я одна умею ценить тебя; одна говорю тебе правду, мой милый, чудный... Поедешь? Да? Ты меня не покинешь?..

Тригорин. У меня нет своей воли... У меня никогда не было своей воли... Вялый, рыхлый, всегда покорный — неужели это может нравиться женщине? Бери меня, увози, но только не отпускай от себя ни на шаг...

Аркадина.(*про себя*). Теперь он мой. (*Развязно, как ни в чем не бывало.*) Впрочем, если хочешь, можешь остаться. Я уеду сама, а ты приедешь потом, через неделю. В самом деле, куда тебе спешить?

Тригорин. Нет, уж поедем вместе.

Аркадина. Как хочешь. Вместе, так вместе... *Пауза.*
Тригорин записывает в книжку. Что ты?

Arkadina. [*With anger*] You are mad!

Trigorin. Release me.

Arkadina. You have all conspired together to torture me to-day. [*She weeps.*]

Trigorin. [*Clutching his head desperately*] She doesn't understand me! She won't understand me!

Arkadina. Am I then so old and ugly already that you can talk to me like this without any shame about another woman? [*She embraces and kisses him*] Oh, you have lost your senses! My splendid, my glorious friend, my love for you is the last chapter of my life. [*She falls on her knees*] You are my pride, my joy, my light. [*She embraces his knees*] I could never endure it should you desert me, if only for an hour; I should go mad. Oh, my wonder, my marvel, my king!

Trigorin. Some one might come in. [*He helps her to rise.*]

Arkadina. Let them come! I am not ashamed of my love. [*She kisses his hands*] My jewel! My despair! You want to do a foolish thing, but I don't want you to do it. I shan't let you do it! [*She laughs*] You are mine, you are mine! This forehead is mine, these eyes are mine, this silky hair is mine. All your being is mine. You are so clever, so wise, the first of all living writers; you are the only hope of your country. You are so fresh, so simple, so deeply humourous. You can bring out every feature of a man or of a landscape in a single line, and your characters live and breathe. Do you think that these words are but the incense of flattery? Do you think I am not speaking the truth? Come, look into my eyes; look deep; do you find lies there? No, you see that I alone know how to treasure you. I alone tell you the truth. Oh, my very dear, you will go with me? You will? You will not forsake me?

Trigorin. I have no will of my own; I never had. I am too indolent, too submissive, too phlegmatic, to have any. Is it possible that women like that? Take me. Take me away with you, but do not let me stir a step from your side.

Arkadina. [*To herself*] Now he is mine! [*Carelessly, as if nothing unusual had happened*] Of course you must stay here if you really want to. I shall go, and you can follow in a week's time. Yes, really, why should you hurry away?

Trigorin. Let us go together.

Arkadina. As you like. Let us go together then. [*A pause. TRIGORIN writes something in his note-book*] What are you writing?

Тригорин. Утром слышал хорошее выражение: «Девичий бор»... Пригодится. *(Потягивается.)* Значит, ехать? Опять вагоны, станции, буфеты, отбивные котлеты, разговоры...

Шамраев *(входит).* Имею честь с прискорбием заявить, что лошади поданы. Пора уже, многоуважаемая, ехать на станцию; поезд приходит в два и пять минут. Так вы же, Ирина Николаевна, сделайте милость, не забудьте навести справочку: где теперь актер Суздальцев? Жив ли? Здоров ли? Вместе пивали когда-то... В «Ограбленной почте» играл неподражаемо... С ним тогда, помню, в Елисаветграде служил трагик Измайлов, тоже личность замечательная... Не торопитесь, многоуважаемая, пять минут еще можно. Раз в одной мелодраме они играли заговорщиков, и когда их вдруг накрыли, то надо было сказать: «Мы попали в западню», а Измайлов — «Мы попали в запендю»... *(Хохочет.)* Запендю!..

Пока он говорит, Яков хлопочет около чемоданов, горничная приносит Аркадиной шляпу, манто, зонтик, перчатки; все помогают Аркадиной одеться. Из левой двери выглядывает повар, который немного погодя входит нерешительно. Входит Полина Андреевна, потом Сорин и Медведенко.

Полина Андреевна *(с корзиночкой).* Вот вам слив на дорогу... Очень сладкие. Может, захотите полакомиться...

Аркадина. Вы очень добры, Полина Андреевна.

Полина Андреевна. Прощайте, моя дорогая! Если что было не так, то простите. *(Плачет.)*

Аркадина. *(обнимает ее).* Все было хорошо, все было хорошо. Только вот плакать не нужно.

Полина Андреевна. Время наше уходит!

Аркадина. Что же делать!

Сорин. *(в пальто с пелериной, в шляпе, с палкой, выходит из левой двери; проходя через комнату).* Сестра, пора, как бы не опоздать, в конце концов. Я иду садиться. *(Уходит.)*

Медведенко. А я пойду пешком на станцию... провожать. Я живо... *(Уходит.)*

Аркадина. До свиданья, мои дорогие... Если будем живы и здоровы, летом опять увидимся...

Горничная, Яков и повар целуют у нее руку.

Не забывайте меня. *(Подает повару рубль.)* Вот вам рубль на троих.

Trigorin. A happy expression I heard this morning: "A grove of maiden pines." It may be useful. [*He yawns*] So we are really off again, condemned once more to railway carriages, to stations and restaurants, to Hamburger steaks and endless arguments!
SHAMRAEFF comes in.

Shamraeff. I am sorry to have to inform you that your carriage is at the door. It is time to start, honoured madam, the train leaves at two-five. Would you be kind enough, madam, to remember to inquire for me where Suzdaltzeff the actor is now? Is he still alive, I wonder? Is he well? He and I have had many a jolly time together. He was inimitable in "The Stolen Mail." A tragedian called Izmailoff was in the same company, I remember, who was also quite remarkable. Don't hurry, madam, you still have five minutes. They were both of them conspirators once, in the same melodrama, and one night when in the course of the play they were suddenly discovered, instead of saying "We have been trapped!" Izmailoff cried out: "We have been rapped!" [*He laughs*] Rapped!
While he has been talking JACOB has been busy with the trunks, and the maid has brought ARKADINA her hat, coat, parasol, and gloves. The cook looks hesitatingly through the door on the right, and finally comes into the room. PAULINA comes in. MEDVIEDENKO comes in.

Paulina. [*Presenting ARKADINA with a little basket*] Here are some plums for the journey. They are very sweet ones. You may want to nibble something good on the way.

Arkadina. You are very kind, Paulina.

Paulina. Good-bye, my dearie. If things have not been quite as you could have wished, please forgive us. [*She weeps.*]

Arkadina. It has been delightful, delightful. You mustn't cry.
SORIN comes in through the door on the left, dressed in a long coat with a cape, and carrying his hat and cane. He crosses the room.

Sorin. Come, sister, it is time to start, unless you want to miss the train. I am going to get into the carriage. [*He goes out.*]

Medviedenko. I shall walk quickly to the station and see you off there. [*He goes out.*]

Arkadina. Good-bye, all! We shall meet again next summer if we live. [*The maid servant, JACOB, and the cook kiss her hand*] Don't forget me. [*She gives the cook a rouble*] There is a rouble for all three of you.

Повар. Покорнейше благодарим, барыня. Счастливой вам дороги! Много вами довольны!

Яков. Дай бог час добрый!

Шамраев. Письмецом бы осчастливили! Прощайте, Борис Алексеевич!

Аркадина. Где Константин? Скажите ему, что я уезжаю. Надо проститься. Ну, не поминайте лихом. *(Якову.)* Я дала рубль повару. Это на троих.

Все уходят вправо. Сцена пуста. За сценой шум, какой бывает, когда провожают. Горничная возвращается, чтобы взять со стола корзину со сливами, и опять уходит.

Тригорин *(возвращаясь).* Я забыл свою трость. Она, кажется, там на террасе.

Идет и у левой двери встречается с Ниной, которая входит. Это вы? Мы уезжаем...

Нина. Я чувствовала, что мы еще увидимся. *(Возбужденно.)* Борис Алексеевич, я решила бесповоротно, жребий брошен, я поступаю на сцену. Завтра меня уже не будет здесь, я ухожу от отца, покидаю все, начинаю новую жизнь... Я уезжаю, как и вы... в Москву. Мы увидимся там.

Тригорин *(оглянувшись).* Остановитесь в «Славянском Базаре»... Дайте мне тотчас же знать... Молчановка, дом Грохольского... Я тороплюсь...

Пауза.

Нина. Еще одну минуту...

Тригорин *(вполголоса).* Вы так прекрасны... О, какое счастье думать, что мы скоро увидимся!

Она склоняется к нему на грудь.

Я опять увижу эти чудные глаза, невыразимо прекрасную, нежную улыбку... эти кроткие черты, выражение ангельской чистоты... Дорогая моя...

Продолжительный поцелуй.

Занавес

Между третьим и четвертым действием проходит два года.

The Cook. Thank you, mistress; a pleasant journey to you.

Jacob. God bless you, mistress.

Shamraeff. Send us a line to cheer us up. [*To TRIGORIN*] Good-bye, sir.

Arkadina. Where is Constantine? Tell him I am starting. I must say good-bye to him. [*To JACOB*] I gave the cook a rouble for all three of you.

All go out through the door on the right. The stage remains empty. Sounds of farewell are heard. The maid comes running back to fetch the basket of plums which has been forgotten. **Trigorin** *comes back.*

Trigorin. I had forgotten my cane. I think I left it on the terrace. [*He goes toward the door on the right and meets* **Nina**, *who comes in at that moment*] Is that you? We are off.

Nina. I knew we should meet again. [*With emotion*] I have come to an irrevocable decision, the die is cast: I am going on the stage. I am deserting my father and abandoning everything. I am beginning life anew. I am going, as you are, to Moscow. We shall meet there.

Trigorin. [*Glancing about him*] Go to the Hotel Slavianski Bazar. Let me know as soon as you get there. I shall be at the Grosholski House in Moltchanofka Street. I must go now. [*A pause.*]

Nina. Just one more minute!

Trigorin. [*In a low voice*] You are so beautiful! What bliss to think that I shall see you again so soon! [*She sinks on his breast*] I shall see those glorious eyes again, that wonderful, ineffably tender smile, those gentle features with their expression of angelic purity! My darling! [*A prolonged kiss.*]

The curtain falls.

Two years elapse between the third and fourth acts.

Действие четвёртое

Одна из гостиных в доме Сорина, обращенная Константином Треплевым в рабочий кабинет. Направо и налево двери, ведущие во внутренние покои. Прямо стеклянная дверь на террасу. Кроме обычной гостиной мебели, в правом углу письменный стол, возле левой двери турецкий диван, шкап с книгами, книги на окнах, на стульях. — Вечер. Горит одна лампа под колпаком. Полумрак. Слышно, как шумят деревья и воет ветер в трубах. Стучит сторож. Медведенко и Маша входят.

Маша *(окликает).* Константин Гаврилыч! Константин Гаврилыч! *(Осматриваясь.)* Нет никого. Старик каждую минуту все спрашивает, где Костя, где Костя... Жить без него не может...

Медведенко. Боится одиночества. *(Прислушиваясь.)* Какая ужасная погода! Это уже вторые сутки.

Маша *(припускает огня в лампе).* На озере волны. Громадные.

Медведенко. В саду темно. Надо бы сказать, чтобы сломали в саду тот театр. Стоит голый, безобразный, как скелет, и занавеска от ветра хлопает. Когда я вчера вечером проходил мимо, то мне показалось, будто кто в нем плакал.

Маша. Ну, вот... *Пауза.*

Медведенко. Поедем, Маша, домой!

Маша *(качает отрицательно головой).* Я здесь останусь ночевать.

Медведенко *(умоляюще).* Маша, поедем! Наш ребеночек, небось, голоден.

Маша. Пустяки. Его Матрена покормит. *Пауза.*

Медведенко. Жалко. Уже третью ночь без матери.

Маша. Скучный ты стал. Прежде, бывало, хоть пофилософствуешь, а теперь все ребенок, домой, ребенок, домой, — и больше от тебя ничего не услышишь.

Медведенко. Поедем, Маша!

Маша. Поезжай сам.

Fourth Act

A sitting-room in SORIN'S house, which has been converted into a writing-room for TREPLIEFF. To the right and left are doors leading into inner rooms, and in the centre is a glass door opening onto a terrace. Besides the usual furniture of a sitting-room there is a writing-desk in the right-hand corner of the room. There is a Turkish divan near the door on the left, and shelves full of books stand against the walls. Books are lying scattered about on the windowsills and chairs. It is evening. The room is dimly lighted by a shaded lamp on a table. The wind moans in the tree tops and whistles down the chimney. The watchman in the garden is heard sounding his rattle. MEDVIEDENKO and MASHA come in.

Masha.[*Calling TREPLIEFF*] Mr. Constantine, where are you? [*Looking about her*] There is no one here. His old uncle is forever asking for Constantine, and can't live without him for an instant.

Medviedenko. He dreads being left alone. [*Listening to the wind*] This is a wild night. We have had this storm for two days.

Masha.[*Turning up the lamp*] The waves on the lake are enormous.

Medviedenko. It is very dark in the garden. Do you know, I think that old theatre ought to be knocked down. It is still standing there, naked and hideous as a skeleton, with the curtain flapping in the wind. I thought I heard a voice weeping in it as I passed there last night.

Masha. What an idea! [*A pause.*]

Medviedenko. Come home with me, Masha.

Masha.[*Shaking her head*] I shall spend the night here.

Medviedenko. [*Imploringly*] Do come, Masha. The baby must be hungry.

Masha. Nonsense, Matriona will feed it. [*A pause.*]

Medviedenko. It is a pity to leave him three nights without his mother.

Masha. You are getting too tiresome. You used sometimes to talk of other things besides home and the baby, home and the baby. That is all I ever hear from you now.

Medviedenko. Come home, Masha.

Masha. You can go home if you want to.

Медведенко. Твой отец не даст мне лошади.

Маша. Даст. Ты попроси, он и даст.

Медведенко. Пожалуй, попрошу. Значит, ты завтра приедешь?

Маша *(нюхает табак).* Ну, завтра. Пристал...

Входят Треплев и Полина Андреевна; Треплев принес подушки и одеяло, а Полина Андреевна постельное белье; кладут на турецкий диван, затем Треплев идет к своему столу и садится.

Зачем это, мама?

Полина Андреевна. Петр Николаевич просил постлать ему у Кости.

Маша. Давайте я... *(Постилает постель.)*

Полина Андреевна (вздохнув). Старый что малый... (Подходит к письменному столу и, облокотившись, смотрит в рукопись.) Пауза.

Медведенко. Так я пойду. Прощай, Маша. *(Целует у жены руку.)* Прощайте, мамаша. *(Хочет поцеловать руку у тещи.)*

Полина Андреевна *(досадливо).* Ну! Иди с богом.

Медведенко. Прощайте, Константин Гаврилыч.

Треплев молча подает руку; Медведенко уходит.

Полина Андреевна *(глядя в рукопись).* Никто не думал и не гадал, что из вас, Костя, выйдет настоящий писатель. А вот, слава богу, и деньги стали вам присылать из журналов. *(Проводит рукой по его волосам.)* И красивый стал... Милый Костя, хороший, будьте поласковее с моей Машенькой!..

Маша *(постилая).* Оставьте его, мама.

Полина Андреевна *(Треплеву).* Она славненькая. *Пауза.* Женщине, Костя, ничего не нужно, только взгляни на нее ласково. По себе знаю.

Треплев встает из-за стола и молча уходит.

Маша. Вот и рассердили. Надо было приставать!

Полина Андреевна. Жалко мне тебя, Машенька.

Маша. Очень нужно!

Полина Андреевна. Сердце мое за тебя переболело. Я ведь все вижу, все понимаю.

Medviedenko. Your father won't give me a horse.

Masha. Yes, he will; ask him.

Medviedenko. I think I shall. Are you coming home to-morrow?

Masha. Yes, yes, to-morrow.

She takes snuff. TREPLIEFF and PAULINA come in. TREPLIEFF is carrying some pillows and a blanket, and PAULINA is carrying sheets and pillow cases. They lay them on the divan, and TREPLIEFF goes and sits down at his desk.

Masha. Who is that for, mother?

Paulina. Mr. Sorin asked to sleep in Constantine's room to-night.

Masha. Let me make the bed.

She makes the bed. PAULINA goes up to the desk and looks at the manuscripts lying on it. [A pause.]

Medviedenko. Well, I am going. Good-bye, Masha. [*He kisses his wife's hand*] Good-bye, mother. [*He tries to kiss his mother-in-law's hand.*]

Paulina. [*Crossly*] Be off, in God's name!

TREPLIEFF shakes hands with him in silence, and MEDVIEDENKO goes out.

Paulina. [*Looking at the manuscripts*] No one ever dreamed, Constantine, that you would one day turn into a real author. The magazines pay you well for your stories. [*She strokes his hair.*] You have grown handsome, too. Dear, kind Constantine, be a little nicer to my Masha.

Masha. [*Still making the bed*] Leave him alone, mother.

Paulina. She is a sweet child. [*A pause*] A woman, Constantine, asks only for kind looks. I know that from experience.

TREPLIEFF gets up from his desk and goes out without a word.

Masha. There now! You have vexed him. I told you not to bother him.

Paulina. I am sorry for you, Masha.

Masha. Much I need your pity!

Paulina. My heart aches for you. I see how things are, and understand.

Маша. Все глупости. Безнадежная любовь — это только в романах. Пустяки. Не нужно только распускать себя и все чего-то ждать, ждать у моря погоды... Раз в сердце завелась любовь, надо ее вон. Вот обещали перевести мужа в другой уезд. Как переедем туда — все забуду... с корнем из сердца вырву.

Через две комнаты играют меланхолический вальс.

Полина Андреевна. Костя играет. Значит, тоскует.

Маша *(делает бесшумно два-три тура вальса).* Главное, мама, перед глазами не видеть. Только бы дали моему Семену перевод, а там, поверьте, в один месяц забуду. Пустяки все это.

Открывается левая дверь, Дорн и Медведенко катят в кресле Сорина.

Медведенко. У меня теперь в доме шестеро. А мука семь гривен пуд.

Дорн. Вот тут и вертись.

Медведенко. Вам хорошо смеяться. Денег у вас куры не клюют.

Дорн. Денег? За тридцать лет практики, мой друг, беспокойной практики, когда я не принадлежал себе ни днем, ни ночью, мне удалось скопить только две тысячи, да и те я прожил недавно за границей. У меня ничего нет.

Маша *(мужу).* Ты не уехал?

Медведенко *(виновато).* Что ж? Когда не дают лошади!

Маша *(с горькою досадой, вполголоса).* Глаза бы мои тебя не видели!

Кресло останавливается в левой половине комнаты; Полина Андреевна, Маша и Дорн садятся возле; Медведенко, опечаленный, отходит в сторону.

Дорн. Сколько у вас перемен, однако! Из гостиной сделали кабинет.

Маша. Здесь Константину Гаврилычу удобнее работать. Он может когда угодно выходить в сад и там думать.

Стучит сторож.

Сорин. Где сестра?

Дорн. Поехала на станцию встречать Тригорина. Сейчас вернется.

Masha. You see what doesn't exist. Hopeless love is only found in novels. It is a trifle; all one has to do is to keep a tight rein on oneself, and keep one's head clear. Love must be plucked out the moment it springs up in the heart. My husband has been promised a school in another district, and when we have once left this place I shall forget it all. I shall tear my passion out by the roots. [*The notes of a melancholy waltz are heard in the distance.*]

Paulina. Constantine is playing. That means he is sad.

MASHA silently waltzes a few turns to the music.

Masha. The great thing, mother, is not to have him continually in sight. If my Simon could only get his remove I should forget it all in a month or two. It is a trifle.

DORN and MEDVIEDENKO come in through the door on the left, wheeling SORIN in an arm-chair.

Medviedenko. I have six mouths to feed now, and flour is at seventy kopecks.

Dorn. A hard riddle to solve!

Medviedenko. It is easy for you to make light of it. You are rich enough to scatter money to your chickens, if you wanted to.

Dorn. You think I am rich? My friend, after practising for thirty years, during which I could not call my soul my own for one minute of the night or day, I succeeded at last in scraping together one thousand roubles, all of which went, not long ago, in a trip which I took abroad. I haven't a penny.

Masha. [*To her husband*] So you didn't go home after all?

Medviedenko. [*Apologetically*] How can I go home when they won't give me a horse?

Masha. [*Under her breath, with bitter anger*] Would I might never see your face again!

SORIN in his chair is wheeled to the left-hand side of the room. PAULINA, MASHA, and DORN sit down beside him. MEDVIEDENKO stands sadly aside.

Dorn. What a lot of changes you have made here! You have turned this sitting-room into a library.

Masha. Constantine likes to work in this room, because from it he can step out into the garden to meditate whenever he feels like it. [*The watchman's rattle is heard.*]

Sorin. Where is my sister?

Dorn. She has gone to the station to meet Trigorin. She will soon be back.

Сорин. Если вы нашли нужным выписать сюда сестру, значит, я опасно болен. *(Помолчав.)* Вот история, я опасно болен, а между тем мне не дают никаких лекарств.

Дорн. А чего вы хотите? Валериановых капель? Соды? Хины?

Сорин. Ну, начинается философия. О, что за наказание! *(Кивнув головой на диван.)* Это для меня постлано?

Полина Андреевна. Для вас, Петр Николаевич.

Сорин. Благодарю вас.

Дорн *(напевает)*. «Месяц плывет по ночным небесам...»

Сорин. Вот хочу дать Косте сюжет для повести. Она должна называться так: «Человек, который хотел». «L'homme qui a voulu». В молодости когда-то хотел я сделаться литератором — и не сделался; хотел красиво говорить — и говорил отвратительно *(дразнит себя)*: «и всё и всё такое, того, не того»... и, бывало, резюме везешь, везешь, даже в пот ударит; хотел жениться — и не женился; хотел всегда жить в городе — и вот кончаю свою жизнь в деревне, и все.

Дорн. Хотел стать действительным статским советником — и стал.

Сорин. *(смеется)*. К этому я не стремился. Это вышло само собою.

Дорн. Выражать недовольство жизнью в шестьдесят два года, согласитесь, — это не великодушно.

Сорин. Какой упрямец. Поймите, жить хочется!

Дорн. Это легкомыслие. По законам природы всякая жизнь должна иметь конец.

Сорин. Вы рассуждаете, как сытый человек. Вы сыты и потому равнодушны к жизни, вам все равно. Но умирать и вам будет страшно.

Дорн. Страх смерти — животный страх... Надо подавлять его. Сознательно боятся смерти только верующие в вечную жизнь, которым страшно бывает своих грехов. А вы, во-первых, неверующий, во-вторых — какие у вас грехи? Вы двадцать пять лет прослужили по судебному ведомству — только всего.

Сорин. *(смеется)*. Двадцать восемь...

Входит Треплев и садится на скамеечке у ног Сорина. Маша все время не отрывает от него глаз.

Дорн. Мы мешаем Константину Гавриловичу работать.

Треплев. Нет, ничего. *Пауза.*

Sorin. I must be dangerously ill if you had to send for my sister. [*He falls silent for a moment*] A nice business this is! Here I am dangerously ill, and you won't even give me any medicine.

Dorn. What shall I prescribe for you? Camomile tea? Soda? Quinine?

Sorin. Don't inflict any of your discussions on me again. [*He nods toward the sofa*] Is that bed for me?

Paulina. Yes, for you, sir.

Sorin. Thank you.

Dorn. [*Sings*] "The moon swims in the sky to-night."

Sorin. I am going to give Constantine an idea for a story. It shall be called "The Man Who Wished—L'Homme qui a voulu." When I was young, I wished to become an author; I failed. I wished to be an orator; I speak abominably, [*Exciting himself*] with my eternal "and all, and all," dragging each sentence on and on until I sometimes break out into a sweat all over. I wished to marry, and I didn't; I wished to live in the city, and here I am ending my days in the country, and all.

Dorn. You wished to become State Councillor, and—you are one!

Sorin. [*Laughing*] I didn't try for that, it came of its own accord.

Dorn. Come, you must admit that it is petty to cavil at life at sixty-two years of age.

Sorin. You are pig-headed! Can't you see I want to live?

Dorn. That is futile. Nature has commanded that every life shall come to an end.

Sorin. You speak like a man who is satiated with life. Your thirst for it is quenched, and so you are calm and indifferent, but even you dread death.

Dorn. The fear of death is an animal passion which must be overcome. Only those who believe in a future life and tremble for sins committed, can logically fear death; but you, for one thing, don't believe in a future life, and for another, you haven't committed any sins. You have served as a Councillor for twenty-five years, that is all.

Sorin. [*Laughing*] Twenty-eight years!

TREPLIEFF comes in and sits down on a stool at SORIN'S feet.
MASHA fixes her eyes on his face and never once tears them away.

Dorn. We are keeping Constantine from his work.

Treplieff. No matter. [*A pause.*]

Медведенко. Позвольте вас спросить, доктор, какой город за границей вам больше понравился?

Дорн. Генуя.

Треплев. Почему Генуя?

Дорн. Там превосходная уличная толпа. Когда вечером выходишь из отеля, то вся улица бывает запружена народом. Движешься потом в толпе без всякой цели, туда-сюда, по ломаной линии, живешь с нею вместе, сливаешься с нею психически и начинаешь верить, что в самом деле возможна одна мировая душа, вроде той, которую когда-то в вашей пьесе играла Нина Заречная. Кстати, где теперь Заречная? Где она и как?

Треплев. Должно быть, здорова.

Дорн. Мне говорили, будто она повела какую-то особенную жизнь. В чем дело?

Треплев. Это, доктор, длинная история.

Дорн. А вы покороче. *Пауза.*

Треплев. Она убежала из дому и сошлась с Тригориным. Это вам известно?

Дорн. Знаю.

Треплев. Был у нее ребенок. Ребенок умер. Тригорин разлюбил ее и вернулся к своим прежним привязанностям, как и следовало ожидать. Впрочем, он никогда не покидал прежних, а по бесхарактерности как-то ухитрился и тут и там. Насколько я мог понять из того, что мне известно, личная жизнь Нины не удалась совершенно.

Дорн. А сцена?

Треплев. Кажется, еще хуже. Дебютировала она под Москвой в дачном театре, потом уехала в провинцию. Тогда я не упускал ее из виду и некоторое время куда она, туда и я. Бралась она все за большие роли, но играла грубо, безвкусно, с завываниями, с резкими жестами. Бывали моменты, когда она талантливо вскрикивала, талантливо умирала, но это были только моменты.

Дорн. Значит, все-таки есть талант?

Треплев. Понять было трудно. Должно быть, есть. Я ее видел, но она не хотела меня видеть, и прислуга не пускала меня к ней в номер. Я понимал ее настроение и не настаивал на свидании. *Пауза.* Что же вам еще сказать? Потом я, когда уже вернулся домой, получал от нее письма. Письма умные, теплые, интересные;

Medviedenko. Of all the cities you visited when you were abroad, Doctor, which one did you like the best?

Dorn. Genoa.

Treplieff. Why Genoa?

Dorn. Because there is such a splendid crowd in its streets. When you leave the hotel in the evening, and throw yourself into the heart of that throng, and move with it without aim or object, swept along, hither and thither, their life seems to be yours, their soul flows into you, and you begin to believe at last in a great world spirit, like the one in your play that Nina Zarietchnaya acted. By the way, where is Nina now? Is she well?

Treplieff.I believe so.

Dorn. I hear she has led rather a strange life; what happened?

Treplieff. It is a long story, Doctor.

Dorn. Tell it shortly. [*A pause.*]

Treplieff. She ran away from home and joined Trigorin; you know that?

Dorn. Yes.

Treplieff. She had a child that died. Trigorin soon tired of her and returned to his former ties, as might have been expected. He had never broken them, indeed, but out of weakness of character had always vacillated between the two. As far as I can make out from what I have heard, Nina's domestic life has not been altogether a success.

Dorn. What about her acting?

Treplieff. I believe she made an even worse failure of that. She made her debut on the stage of the Summer Theatre in Moscow, and afterward made a tour of the country towns. At that time I never let her out of my sight, and wherever she went I followed. She always attempted great and difficult parts, but her delivery was harsh and monotonous, and her gestures heavy and crude. She shrieked and died well at times, but those were but moments.

Dorn. Then she really has a talent for acting?

Treplieff. I never could make out. I believe she has. I saw her, but she refused to see me, and her servant would never admit me to her rooms. I appreciated her feelings, and did not insist upon a meeting. *[A pause] What more can I tell you? She sometimes writes to me now that I have come home, such clever, sympathetic letters, full of warm feeling.*

она не жаловалась, но я чувствовал, что она глубоко несчастна; что ни строчка, то больной, натянутый нерв. И воображение немного расстроено. Она подписывалась Чайкой. В «Русалке» мельник говорит, что он ворон, так она в письмах все повторяла, что она чайка. Теперь она здесь.

Дорн. То есть как, здесь?

Треплев. В городе, на постоялом дворе. Уже дней пять как живет там в номере. Я было поехал к ней, и вот Марья Ильинишна ездила, но она никого не принимает. Семен Семенович уверяет, будто вчера после обеда видел ее в поле, в двух верстах отсюда.

Медведенко. Да, я видел. Шла в ту сторону, к городу. Я поклонился, спросил, отчего не идет к нам в гости. Она сказала, что придет.

Треплев. Не придет она. *Пауза.* Отец и мачеха не хотят ее знать. Везде расставили сторожей, чтобы даже близко не допускать ее к усадьбе. *(Отходит с доктором к письменному столу.)* Как легко, доктор, быть философом на бумаге и как это трудно на деле!

Сорин. Прелестная, говорю, была девушка. Действительный статский советник Сорин был даже в нее влюблен некоторое время.

Дорн. Старый ловелас.

Слышен смех Шамраева.

Полина Андреевна. Кажется, наши приехали со станции...

Треплев. Да, я слышу маму.

Входят Аркадина, Тригорин, за ними Шамраев.

Шамраев *(входя).* Мы все стареем, выветриваемся под влиянием стихий, а вы, многоуважаемая, все еще молоды... Светлая кофточка, живость... грация...

Аркадина. Вы опять хотите сглазить меня, скучный человек!

Тригорин *(Сорину).* Здравствуйте, Петр Николаевич! Что это вы все хвораете? Нехорошо! *(Увидев Машу, радостно.)* Марья Ильинична!

Маша. Узнали? *(Жмет ему руку.)*

Тригорин. Замужем?

Маша. Давно.

Тригорин. Счастливы? *(Раскланивается с Дорном и с Медведенком, потом нерешительно подходит к Треплеву.)*

She never complains, but I can tell that she is profoundly unhappy; not a line but speaks to me of an aching, breaking nerve. She has one strange fancy; she always signs herself "The Sea-gull." The miller in "Rusalka" called himself "The Crow," and so she repeats in all her letters that she is a sea-gull. She is here now.

Dorn. What do you mean by "here?"

Treplieff. In the village, at the inn. She has been there for five days. I should have gone to see her, but Masha here went, and she refuses to see any one. Some one told me she had been seen wandering in the fields a mile from here yesterday evening.

Medviedenko. Yes, I saw her. She was walking away from here in the direction of the village. I asked her why she had not been to see us. She said she would come.

Treplieff. But she won't. [*A pause*] Her father and stepmother have disowned her. They have even put watchmen all around their estate to keep her away. [*He goes with the doctor toward the desk*] How easy it is, Doctor, to be a philosopher on paper, and how difficult in real life!

Sorin. She was a beautiful girl. Even the State Councillor himself was in love with her for a time.

Dorn. You old Lovelace, you!

SHAMRAEFF'S laugh is heard.

Paulina. They are coming back from the station.

Treplieff. Yes, I hear my mother's voice.

ARKADINA and TRIGORIN come in, followed by SHAMRAEFF.

Shamraeff. We all grow old and wither, my lady, while you alone, with your light dress, your gay spirits, and your grace, keep the secret of eternal youth.

Arkadina. You are still trying to turn my head, you tiresome old man.

Trigorin. [*To SORIN*] How do you do, Peter? What, still ill? How silly of you! [*With evident pleasure, as he catches sight of MASHA*] How are you, Miss Masha?

Masha. So you recognised me? [*She shakes hands with him.*]

Trigorin. Did you marry him?

Masha. Long ago.

Trigorin. *You are happy now? [He bows to DORN and MEDVIEDENKO, and then goes hesitatingly toward TREPLIEFF]*

Ирина Николаевна говорила, что вы уже забыли старое и перестали гневаться.

Треплев протягивает ему руку.

Аркадина.(*сыну*). Вот Борис Алексеевич привез журнал с твоим новым рассказом.

Треплев.(*принимая книгу, Тригорину*). Благодарю вас. Вы очень любезны. *Садятся.*

Тригорин. Вам шлют поклон ваши почитатели... В Петербурге и в Москве вообще заинтересованы вами, и меня всё спрашивают про вас. Спрашивают: какой он, сколько лет, брюнет или блондин. Думают все почему-то, что вы уже не молоды. И никто не знает вашей настоящей фамилии, так как вы печатаетесь под псевдонимом. Вы таинственны, как Железная маска.

Треплев. Надолго к нам?

Тригорин. Нет, завтра же думаю в Москву. Надо. Тороплюсь кончить повесть и затем еще обещал дать что-нибудь в сборник. Одним словом — старая история.

Пока они разговаривают, Аркадина и Полина Андреевна ставят среди комнаты ломберный стол и раскрывают его; Шамраев зажигает свечи, ставит стулья. Достают из шкапа лото.

Погода встретила меня неласково. Ветер жестокий. Завтра утром, если утихнет, отправлюсь на озеро удить рыбу. Кстати, надо осмотреть сад и то место, где — помните? — играли вашу пьесу. У меня созрел мотив, надо только возобновить в памяти место действия.

Маша (*отцу*). Папа, позволь мужу взять лошадь! Ему нужно домой.

Шамраев (*дразнит*). Лошадь... домой... (*Строго.*) Сама видела: сейчас посылали на станцию. Не гонять же опять.

Маша. Но ведь есть другие лошади... (*Видя, что отец молчит, машет рукой.*) С вами связываться...

Медведенко. Я, Маша, пешком пойду. Право...

Полина Андреевна (*вздохнув*). Пешком, в такую погоду... (*Садится за ломберный стол.*) Пожалуйте, господа.

Медведенко. Ведь всего только шесть верст... Прощай... (*Целует жене руку.*) Прощайте, мамаша.

Теща нехотя протягивает ему для поцелуя руку.

Your mother says you have forgotten the past and are no longer angry with me.

TREPLIEFF gives him his hand.

Arkadina. [*To her son*] Here is a magazine that Boris has brought you with your latest story in it.

Treplieff. [*To TRIGORIN, as he takes the magazine*] Many thanks; you are very kind. *(They sit down)*

Trigorin. Your admirers all send you their regards. Every one in Moscow and St. Petersburg is interested in you, and all ply me with questions about you. They ask me what you look like, how old you are, whether you are fair or dark. For some reason they all think that you are no longer young, and no one knows who you are, as you always write under an assumed name. You are as great a mystery as the Man in the Iron Mask.

Treplieff. Do you expect to be here long?

Trigorin. No, I must go back to Moscow to-morrow. I am finishing another novel, and have promised something to a magazine besides. In fact, it is the same old business.

During their conversation ARKADINA and PAULINA have put up a card-table in the centre of the room; SHAMRAEFF lights the candles and arranges the chairs, then fetches a box of lotto from the cupboard.

Trigorin. The weather has given me a rough welcome. The wind is frightful. If it goes down by morning I shall go fishing in the lake, and shall have a look at the garden and the spot—do you remember?—where your play was given. I remember the piece very well, but should like to see again where the scene was laid.

Masha. [*To her father*] Father, do please let my husband have a horse. He ought to go home.

Shamraeff. [*Angrily*] A horse to go home with! [*Sternly*] You know the horses have just been to the station. I can't send them out again.

Masha. But there are other horses. [*Seeing that her father remains silent*] You are impossible!

Medviedenko. I shall go on foot, Masha.

Paulina. [*With a sigh*] On foot in this weather? [*She takes a seat at the card-table*] Shall we begin?

Medviedenko. It is only six miles. Good-bye. [*He kisses his wife's hand;*] Good-bye, mother.

[*His mother-in-law gives him her hand unwillingly*]

Я бы никого не беспокоил, но ребеночек... *(Кланяется всем.)* Прощайте... *(Уходит; походка виноватая.)*

Шамраев. Небось дойдет. Не генерал.

Полина Андреевна *(стучит по столу)*. Пожалуйте, господа. Не будем терять времени, а то скоро ужинать позовут.

Шамраев, Маша и Дорн садятся за стол.

Аркадина.*(Тригорину)*. Когда наступают длинные осенние вечера, здесь играют в лото. Вот взгляните: старинное лото, в которое еще играла с нами покойная мать, когда мы были детьми. Не хотите ли до ужина сыграть с нами партию? *(Садится с Тригориным за стол.)* Игра скучная, но если привыкнуть к ней, то ничего. *(Сдает всем по три карты.)*

Треплев. *(перелистывая журнал)*. Свою повесть прочел, а моей даже не разрезал. *(Кладет журнал на письменный стол, потом направляется к левой двери; проходя мимо матери, целует ее в голову.)*

Аркадина. А ты, Костя?

Треплев. Прости, что-то не хочется... Я пройдусь. *(Уходит.)*

Маша. Все поставили? Я начинаю... Двадцать два!

Аркадина. Есть.

Маша. Три!..

Дорн. Так-с.

Маша. Поставили три? Восемь! Восемьдесят один! Десять!

Шамраев. Не спеши.

Аркадина. Как меня в Харькове принимали, батюшки мои, до сих пор голова кружится!

Маша. Тридцать четыре!

За сценой играют меланхолический вальс.

Аркадина. Студенты овацию устроили... Три корзины, два венка и вот... *(Снимает с груди брошь и бросает на стол.)*

Шамраев. Да, это вещь...

Маша. Пятьдесят!..

Дорн. Ровно пятьдесят?

Аркадина. На мне был удивительный туалет... Что-что, а уж одеться я не дура.

Полина Андреевна. Костя играет. Тоскует, бедный.

Шамраев. В газетах бранят его очень.

Маша. Семьдесят семь!

Аркадина. Охота обращать внимание.

I should not have troubled you all, but the baby—[*He bows to every one*] Good-bye. [*He goes out with an apologetic air.*]

Shamraeff. He will get there all right, he is not a major-general.

Paulina. Come, let us begin. Don't let us waste time, we shall soon be called to supper.

SHAMRAEFF, MASHA, and DORN sit down at the card-table.

Arkadina. [*To TRIGORIN*] When the long autumn evenings descend on us we while away the time here by playing lotto. Look at this old set; we used it when our mother played with us as children. Don't you want to take a hand in the game with us until supper time? [*She and TRIGORIN sit down at the table*] It is a monotonous game, but it is all right when one gets used to it. [*She deals three cards to each of the players.*]

Treplieff. [*Looking through the pages of the magazine*] He has read his own story, and hasn't even cut the pages of mine.

He lays the magazine on his desk and goes toward the door on the right, stopping as he passes his mother to give her a kiss.

Arkadina. Won't you play, Constantine?

Treplieff. No, excuse me please, I don't feel like it. I am going to take a turn through the rooms. [*He goes out.*]

Masha. Are you all ready? I shall begin: twenty-two.

Arkadina. Here it is.

Masha. Three.

Dorn. Right.

Masha. Have you put down three? Eight. Eighty-one. Ten.

Shamraeff. Don't go so fast.

Arkadina. Could you believe it? I am still dazed by the reception they gave me in Kharkoff.

Masha. Thirty-four. [*The notes of a melancholy waltz are heard.*]

Arkadina. The students gave me an ovation; they sent me three baskets of flowers, a wreath, and this thing here.

She unclasps a brooch from her breast and lays it on the table.

Shamraeff. There is something worth while!

Masha. Fifty.

Dorn. Fifty, did you say?

Arkadina. I wore a perfectly magnificent dress; I am no fool when it comes to clothes.

Paulina. Constantine is playing again; the poor boy is sad.

Shamraeff. He has been severely criticised in the papers.

Masha. Seventy-seven.

Arkadina. They want to attract attention to him.

Тригорин. Ему не везет. Все никак не может попасть в свой настоящий тон. Что-то странное, неопределенное, порой даже похожее на бред. Ни одного живого лица.

Маша. Одиннадцать!

Аркадина. *(оглянувшись на Сорина).* Петруша, тебе скучно? *Пауза.* Спит.

Дорн. Спит действительный статский советник.

Маша. Семь! Девяносто!

Тригорин. Если бы я жил в такой усадьбе, у озера, то разве я стал бы писать? Я поборол бы в себе эту страсть и только и делал бы, что удил рыбу.

Маша. Двадцать восемь!

Тригорин. Поймать ерша или окуня — это такое блаженство!

Дорн. А я верю в Константина Гаврилыча. Что-то есть! Что-то есть! Он мыслит образами, рассказы его красочны, ярки, и я их сильно чувствую. Жаль только, что он не имеет определенных задач. Производит впечатление, и больше ничего, а ведь на одном впечатлении далеко не уедешь. Ирина Николаевна, вы рады, что у вас сын писатель?

Аркадина. Представьте, я еще не читала. Все некогда.

Маша. Двадцать шесть!

Треплев тихо входит и идет к своему столу.

Шамраев *(Тригорину).* А у нас, Борис Алексеевич, осталась ваша вещь.

Тригорин. Какая?

Шамраев. Как-то Константин Гаврилыч застрелил чайку, и вы поручили мне заказать из нее чучело.

Тригорин. Не помню. *(Раздумывая.)* Не помню!

Маша. Шестьдесят шесть! Один!

Треплев. *(распахивавает окно, прислушивается).* Как темно! Не понимаю, отчего я испытываю такое беспокойство.

Аркадина. Костя, закрой окно, а то дует.

Треплев.закрывает окно.

Маша. Восемьдесят восемь!

Тригорин. У меня партия, господа.

Аркадина. *(весело).* Браво! браво!

Шамраев. Браво!

Trigorin. He doesn't seem able to make a success, he can't somehow strike the right note. There is an odd vagueness about his writings that sometimes verges on delirium. He has never created a single living character.

Masha. Eleven.

Arkadina. Are you bored, Peter? [*A pause*] He is asleep.

Dorn. The Councillor is taking a nap.

Masha. Seven. Ninety.

Trigorin. Do you think I should write if I lived in such a place as this, on the shore of this lake? Never! I should overcome my passion, and give my life up to the catching of fish.

Masha. Twenty-eight.

Trigorin. And if I caught a perch or a bass, what bliss it would be!

Dorn. I have great faith in Constantine. I know there is something in him. He thinks in images; his stories are vivid and full of colour, and always affect me deeply. It is only a pity that he has no definite object in view. He creates impressions, and nothing more, and one cannot go far on impressions alone. Are you glad, madam, that you have an author for a son?

Arkadina. Just think, I have never read anything of his; I never have time.

Masha. Twenty-six.

TREPLIEFF comes in quietly and sits down at his table.

Shamraeff. [*To TRIGORIN*] We have something here that belongs to you, sir.

Trigorin. What is it?

Shamraeff. You told me to have the sea-gull stuffed that Mr. Constantine killed some time ago.

Trigorin. Did I? [*Thoughtfully*] I don't remember.

Masha. Sixty-one. One.

TREPLIEFF throws open the window and stands listening.

Treplieff. How dark the night is! I wonder what makes me so restless.

Arkadina. Shut the window, Constantine, there is a draught here.

TREPLIEFF shuts the window.

Masha. Ninety-eight.

Trigorin. See, my card is full.

Arkadina. [*Gaily*] Bravo! Bravo!

Shamraeff. Bravo!

Аркадина. Этому человеку всегда и везде везет. *(Встает.)* А теперь пойдемте закусить чего-нибудь. Наша знаменитость не обедала сегодня. После ужина будем продолжать. *(Сыну.)* Костя, оставь свои рукописи, пойдем есть.

Треплев. Не хочу, мама, я сыт.
Аркадина. Как знаешь. *(Будит Сорина.)* Петруша, ужинать! *(Берет Шамраева под руку.)* Я расскажу вам, как меня принимали в Харькове...
Полина Андреевна тушит на столе свечи, потом она и Дорн катят кресло. Все уходят в левую дверь; на сцене остается один Треплев за письменным столом.

Треплев. *(собирается писать; пробегает то, что уже написано).* Я так много говорил о новых формах, а теперь чувствую, что сам мало-помалу сползаю к рутине. *(Читает.)* «Афиша на заборе гласила... Бледное лицо, обрамленное темными волосами...» Гласила, обрамленное... Это бездарно. *(Зачеркивает.)* Начну с того, как героя разбудил шум дождя, а остальное все вон. Описание лунного вечера длинно и изысканно. Тригорин выработал себе приемы, ему легко... У него на плотине блестит горлышко разбитой бутылки и чернеет тень от мельничного колеса — вот и лунная ночь готова, а у меня и трепещущий свет, и тихое мерцание звезд, и далекие звуки рояля, замирающие в тихом ароматном воздухе... Это мучительно. *Пауза.* Да, я все больше и больше прихожу к убеждению, что дело не в старых и не в новых формах, а в том, что человек пишет, не думая ни о каких формах, пишет, потому что это свободно льется из его души. *Кто-то стучит в окно, ближайшее к столу.*
Что такое? *(Глядит в окно.)* Ничего не видно... *(Отворяет стеклянную дверь и смотрит в сад.)* Кто-то пробежал вниз по ступеням. *(Окликает.)* Кто здесь?
Уходит; слышно, как он быстро идет по террасе; через полминуты возвращается с Ниной Заречной.
Нина! Нина!
Нина кладет ему голову на грудь и сдержанно рыдает.
(Растроганный.) Нина! Нина! Это вы... вы... Я точно предчувствовал, весь день душа моя томилась ужасно. *(Снимает с нее шляпу и тальму.)* О, моя добрая, моя ненаглядная, она пришла! Не будем плакать, не будем.

Arkadina. Wherever he goes and whatever he does, that man always has good luck. [*She gets up*] And now, come to supper. Our renowned guest did not have any dinner to-day. We can continue our game later. [*To her son*] Come, Constantine, leave your writing and come to supper.

Treplieff. I don't want anything to eat, mother; I am not hungry.

Arkadina. As you please. [*She wakes SORIN*] Come to supper, Peter. [*She takes SHAMRAEFF'S arm*] Let me tell you about my reception in Kharkoff.

PAULINA blows out the candles on the table, then she and DORN roll SORIN'S chair out of the room, and all go out through the door on the left, except TREPLIEFF, who is left alone. TREPLIEFF prepares to write. He runs his eye over what he has already written.

Treplieff. I have talked a great deal about new forms of art, but I feel myself gradually slipping into the beaten track. [*He reads*] "The placard cried it from the wall—a pale face in a frame of dusky hair"—cried—frame—that is stupid. [*He scratches out what he has written*] I shall begin again from the place where my hero is wakened by the noise of the rain, but what follows must go. This description of a moonlight night is long and stilted. Trigorin has worked out a process of his own, and descriptions are easy for him. He writes that the neck of a broken bottle lying on the bank glittered in the moonlight, and that the shadows lay black under the mill-wheel. There you have a moonlight night before your eyes, but I speak of the shimmering light, the twinkling stars, the distant sounds of a piano melting into the still and scented air, and the result is abominable. [*A pause*] The conviction is gradually forcing itself upon me that good literature is not a question of forms new or old, but of ideas that must pour freely from the author's heart, without his bothering his head about any forms whatsoever. [*A knock is heard at the window nearest the table*] What was that? [*He looks out of the window*] I can't see anything. [*He opens the glass door and looks out into the garden*] I heard some one run down the steps. [*He calls*] Who is there? [*He goes out, and is heard walking quickly along the terrace. In a few minutes he comes back with NINA ZARIETCHNAYA*] Oh, Nina, Nina!

NINA lays her head on TREPLIEFF'S breast and stifles her sobs.

Treplieff. [*Deeply moved*] Nina, Nina! It is you—you! I felt you would come; all day my heart has been aching for you. [*He takes off her hat and cloak*] My darling, my beloved has come back to me! We mustn't cry, we mustn't cry.

Нина. Здесь есть кто-то.

Треплев. Никого.

Нина. Заприте двери, а то войдут.

Треплев. Никто не войдет.

Нина. Я знаю, Ирина Николаевна здесь. Заприте двери...

Треплев. *(запирает правую дверь на ключ, подходит к левой).* Тут нет замка. Я заставлю креслом. *(Ставит у двери кресло.)* Не бойтесь, никто не войдет.

Нина *(пристально глядит ему в лицо).* Дайте я посмотрю на вас. *(Оглядываясь.)* Тепло, хорошо... Здесь тогда была гостиная. Я сильно изменилась?

Треплев. Да... Вы похудели, и у вас глаза стали больше. Нина, как-то странно, что я вижу вас. Отчего вы не пускали меня к себе? Отчего вы до сих пор не приходили? Я знаю, вы здесь живете уже почти неделю... Я каждый день ходил к вам по нескольку раз, стоял у вас под окном, как нищий.

Нина. Я боялась, что вы меня ненавидите. Мне каждую ночь все снится, что вы смотрите на меня и не узнаете. Если бы вы знали! С самого приезда я все ходила тут... около озера. Около вашего дома была много раз и не решалась войти. Давайте сядем.

Садятся.

Сядем и будем говорить, говорить. Хорошо здесь, тепло, уютно... Слышите — ветер? У Тургенева есть место: «Хорошо тому, кто в такие ночи сидит под кровом дома, у кого есть теплый угол».[1] Я — чайка... Нет, не то. *(Трет себе лоб.)* О чем я? Да... Тургенев... «И да поможет господь всем бесприютным скитальцам»... Ничего. *(Рыдает.)*

Треплев. Нина, вы опять... Нина!

Нина. Ничего, мне легче от этого... Я уже два года не плакала. Вчера поздно вечером я пошла посмотреть в саду, цел ли наш театр. А он до сих пор стоит. Я заплакала в первый раз после двух лет, и у меня отлегло, стало яснее на душе. Видите, я уже не плачу. *(Берет его за руку.)* Итак, вы стали уже писателем... Вы писатель, я — актриса... Попали и мы с вами в круговорот... Жила я радостно, по-детски — проснешься утром и запоешь; любила вас, мечтала о славе, а теперь? Завтра рано утром ехать в Елец в третьем классе... с мужиками, а в Ельце образованные купцы будут приставать с любезностями. Груба жизнь!

Nina. There is some one here.

Treplieff. No one is here.

Nina. Lock the door, some one might come.

Treplieff. No one will come in.

Nina. I know your mother is here. Lock the door.

TREPLIEFF locks the door on the right and comes back to NINA.

Treplieff. There is no lock on that one. I shall put a chair against it. [*He puts an arm-chair against the door*] Don't be frightened, no one shall come in.

Nina. [*Gazing intently into his face*] Let me look at you. [*She looks about her*] It is warm and comfortable in here. This used to be a sitting-room. Have I changed much?

Treplieff. Yes, you have grown thinner, and your eyes are larger than they were. Nina, it seems so strange to see you! Why didn't you let me go to you? Why didn't you come sooner to me? You have been here nearly a week, I know. I have been several times each day to where you live, and have stood like a beggar beneath your window.

Nina. I was afraid you might hate me. I dream every night that you look at me without recognising me. I have been wandering about on the shores of the lake ever since I came back. I have often been near your house, but I have never had the courage to come in. Let us sit down. [*They sit down*] Let us sit down and talk our hearts out. It is so quiet and warm in here. Do you hear the wind whistling outside? As Turgenieff says, "Happy is he who can sit at night under the roof of his home, who has a warm corner in which to take refuge." I am a sea-gull—and yet—no. [*She passes her hand across her forehead*] What was I saying? Oh, yes, Turgenieff. He says, "and God help all houseless wanderers." [*She sobs.*]

Treplieff. Nina! You are crying again, Nina!

Nina. It is all right. I shall feel better after this. I have not cried for two years. I went into the garden last night to see if our old theatre were still standing. I see it is. I wept there for the first time in two years, and my heart grew lighter, and my soul saw more clearly again. See, I am not crying now. [*She takes his hand in hers*] So you are an author now, and I am an actress. We have both been sucked into the whirlpool. My life used to be as happy as a child's; I used to wake singing in the morning; I loved you and dreamt of fame, and what is the reality? To-morrow morning early I must start for Eltz by train in a third-class carriage, with a lot of peasants, and at Eltz the educated trades-people will pursue me with compliments. It is a rough life.

Треплев. Зачем в Елец?

Нина. Взяла ангажемент на всю зиму. Пора ехать.

Треплев. Нина, я проклинал вас, ненавидел, рвал ваши письма и фотографии, но каждую минуту я сознавал, что душа моя привязана к вам навеки. Разлюбить вас я не в силах, Нина. С тех пор, как я потерял вас и как начал печататься, жизнь для меня невыносима, — я страдаю... Молодость мою вдруг как оторвало, и мне кажется, что я уже прожил на свете девяносто лет. Я зову вас, целу́ю землю, по которой вы ходили; куда бы я ни смотрел, всюду мне представляется ваше лицо, эта ласковая улыбка, которая светила мне в лучшие годы моей жизни...

Нина *(растерянно).* Зачем он так говорит, зачем он так говорит?

Треплев. Я одинок, не согрет ничьей привязанностью, мне холодно, как в подземелье, и, что бы я ни писал, все это сухо, черство, мрачно. Останьтесь здесь, Нина, умоляю вас, или позвольте мне уехать с вами!

Нина быстро надевает шляпу и тальму.

Нина, зачем? Бога ради, Нина... *(Смотрит, как она одевается.)* Пауза.

Нина. Лошади мои стоят у калитки. Не провожайте, я сама дойду... *(Сквозь слезы.)* Дайте воды...

Треплев. *(дает ей напиться).* Вы куда теперь?

Нина. В город. *Пауза.* Ирина Николаевна здесь?

Треплев. Да... В четверг дяде было нехорошо, мы ей телеграфировали, чтобы она приехала.

Нина. Зачем вы говорите, что целовали землю, по которой я ходила? Меня надо убить. *(Склоняется к столу.)* Я так утомилась! Отдохнуть бы... отдохнуть! *(Поднимает голову.)* Я — чайка... Не то. Я — актриса. Ну, да! *(Услышав смех Аркадиной и Тригорина, прислушивается, потом бежит к левой двери и смотрит в замочную скважину.)* И он здесь... *(Возвращаясь к Треплеву.)* Ну, да... Ничего... Да... Он не верил в театр, все смеялся над моими мечтами, и мало-помалу я тоже перестала верить и пала духом... А тут заботы любви, ревность, постоянный страх за маленького... Я стала мелочною, ничтожною, играла бессмысленно... Я не знала, что делать с руками, не умела стоять на сцене,

Treplieff. Why are you going to Eltz?

Nina. I have accepted an engagement there for the winter. It is time for me to go.

Treplieff. Nina, I have cursed you, and hated you, and torn up your photograph, and yet I have known every minute of my life that my heart and soul were yours for ever. To cease from loving you is beyond my power. I have suffered continually from the time I lost you and began to write, and my life has been almost unendurable. My youth was suddenly plucked from me then, and I seem now to have lived in this world for ninety years. I have called out to you, I have kissed the ground you walked on, wherever I looked I have seen your face before my eyes, and the smile that had illumined for me the best years of my life.

Nina. [*Despairingly*] Why, why does he talk to me like this?

Treplieff. I am quite alone, unwarmed by any attachment. I am as cold as if I were living in a cave. Whatever I write is dry and gloomy and harsh. Stay here, Nina, I beseech you, or else let me go away with you.

NINA quickly puts on her coat and hat.

Treplieff. Nina, why do you do that? For God's sake, Nina! [*He watches her as she dresses. A pause.*]

Nina. My carriage is at the gate. Do not come out to see me off. I shall find the way alone. [*Weeping*] Let me have some water.

TREPLIEFF hands her a glass of water.

Treplieff. Where are you going?

Nina. Back to the village. *(A pause).* Is your mother here?

Treplieff. Yes, my uncle fell ill on Thursday, and we telegraphed for her to come.

Nina. Why do you say that you have kissed the ground I walked on? You should kill me rather. [*She bends over the table*] I am so tired. If I could only rest—rest. [*She raises her head*] I am a sea-gull —no—no, I am an actress. [*She hears ARKADINA and TRIGORIN laughing in the distance, runs to the door on the left and looks through the keyhole*] He is there too. [*She goes back to TREPLIEFF*] Ah, well—no matter. He does not believe in the theatre; he used to laugh at my dreams, so that little by little I became down-hearted and ceased to believe in it too. Then came all the cares of love, the continual anxiety about my little one, so that I soon grew trivial and spiritless, and played my parts without meaning. I never knew what to do with my hands, and I could not walk properly

не владела голосом. Вы не понимаете этого состояния, когда чувствуешь, что играешь ужасно. Я — чайка. Нет, не то... Помните, вы подстрелили чайку? Случайно пришел человек, увидел и от нечего делать погубил... Сюжет для небольшого рассказа... Это не то... *(Трет себе лоб.)* О чем я?.. Я говорю о сцене. Теперь уж я не так... Я уже настоящая актриса, я играю с наслаждением, с восторгом, пьянею на сцене и чувствую себя прекрасной. А теперь, пока живу здесь, я все хожу пешком, все хожу и думаю, думаю и чувствую, как с каждым днем растут мои душевные силы... Я теперь знаю, понимаю, Костя, что в нашем деле — все равно, играем мы на сцене или пишем — главное не слава, не блеск, не то, о чем я мечтала, а уменье терпеть. Умей нести свой крест и веруй. Я верую и мне не так больно, и когда я думаю о своем призвании, то не боюсь жизни.

Треплев. *(печально).* Вы нашли свою дорогу, вы знаете, куда идете, а я все еще ношусь в хаосе грез и образов, не зная, для чего и кому это нужно. Я не верую и не знаю, в чем мое призвание.

Нина *(прислушиваясь).* Тсс... Я пойду. Прощайте. Когда я стану большою актрисой, приезжайте взглянуть на меня. Обещаете? А теперь... *(Жмет ему руку.)* Уже поздно. Я еле на ногах стою... я истощена, мне хочется есть...

Треплев. Останьтесь, я дам вам поужинать...

Нина. Нет, нет... Не провожайте, я сама дойду... Лошади мои близко... Значит, она привезла его с собою? Что ж, все равно. Когда увидите Тригорина, то не говорите ему ничего... Я люблю его. Я люблю его даже сильнее, чем прежде... Сюжет для небольшого рассказа... Люблю, люблю страстно, до отчаяния люблю. Хорошо было прежде, Костя! Помните? Какая ясная, теплая, радостная, чистая жизнь, какие чувства, — чувства, похожие на нежные, изящные цветы... Помните? *(Читает.)* «Люди, львы, орлы и куропатки, рогатые олени, гуси, пауки, молчаливые рыбы, обитавшие в воде, морские звезды и те, которых нельзя было видеть глазом, — словом, все жизни, все жизни, все жизни, свершив печальный круг, угасли. Уже тысячи веков, как земля не носит на себе ни одного живого существа, и эта бедная луна напрасно зажигает свой фонарь.

or control my voice. You cannot imagine the state of mind of one who knows as he goes through a play how terribly badly he is acting. I am a sea-gull—no—no, that is not what I meant to say. Do you remember how you shot a seagull once? A man chanced to pass that way and destroyed it out of idleness. That is an idea for a short story, but it is not what I meant to say. [*She passes her hand across her forehead*] What was I saying? Oh, yes, the stage. I have changed now. Now I am a real actress. I act with joy, with exaltation, I am intoxicated by it, and feel that I am superb. I have been walking and walking, and thinking and thinking, ever since I have been here, and I feel the strength of my spirit growing in me every day. I know now, I understand at last, Constantine, that for us, whether we write or act, it is not the honour and glory of which I have dreamt that is important, it is the strength to endure. One must know how to bear one's cross, and one must have faith. I believe, and so do not suffer so much, and when I think of my calling I do not fear life.

Treplieff. [*Sadly*] You have found your way, you know where you are going, but I am still groping in a chaos of phantoms and dreams, not knowing whom and what end I am serving by it all. I do not believe in anything, and I do not know what my calling is.

Nina. [*Listening*] Hush! I must go. Good-bye. When I have become a famous actress you must come and see me. Will you promise to come? But now—[*She takes his hand*] it is late. I can hardly stand. I am fainting. I am hungry.

Treplieff. Stay, and let me bring you some supper.

Nina. No, no—and don't come out, I can find the way alone. My carriage is not far away. So she brought him back with her? However, what difference can that make to me? Don't tell Trigorin anything when you see him. I love him—I love him even more than I used to. It is an idea for a short story. I love him—I love him passionately—I love him to despair. Have you forgotten, Constantine, how pleasant the old times were? What a gay, bright, gentle, pure life we led? How a feeling as sweet and tender as a flower blossomed in our hearts? Do you remember, [*She recites*] "All men and beasts, lions, eagles, and quails, horned stags, geese, spiders, silent fish that inhabit the waves, starfish from the sea, and creatures invisible to the eye—in one word, life—all, all life, completing the dreary round set before it, has died out at last. A thousand years have passed since the earth last bore a living creature on its breast, and the unhappy moon now lights her lamp in vain.

На лугу уже не просыпаются с криком журавли, и майских жуков не бывает слышно в липовых рощах...»
(Обнимает порывисто Треплева и убегает в стеклянную дверь.)

Треплев. *(после паузы).* Нехорошо, если кто-нибудь встретит ее в саду и потом скажет маме. Это может огорчить маму...
В продолжение двух минут молча рвет все свои рукописи и бросает под стол, потом отпирает правую дверь и уходит.

Дорн *(стараясь отворить левую дверь).* Странно. Дверь как будто заперта... *(Входит и ставит на место кресло.)* Скачка с препятствиями.
Входят Аркадина, Полина Андреевна, за ними Яков с бутылками и Маша, потом Шамраев и Тригорин.

Аркадина. Красное вино и пиво для Бориса Алексеевича ставьте сюда, на стол. Мы будем играть и пить. Давайте садиться, господа.

Полина Андреевна *(Якову).* Сейчас же подавай и чай. *(Зажигает свечи, садится за ломберный стол.)*

Шамраев *(подводит Тригорина к шкапу).* Вот вещь, о которой я давеча говорил... *(Достает из шкапа чучело чайки.)* Ваш заказ.

Тригорин *(глядя на чайку).* Не помню! *(Подумав.)* Не помню!
Направо за сценой выстрел; все вздрагивают.

Аркадина.*(испуганно).* Что такое?

Дорн. Ничего. Это, должно быть, в моей походной аптеке что-нибудь лопнуло. Не беспокойтесь. *(Уходит в правую дверь, через полминуты возвращается.)* Так и есть. Лопнула склянка с эфиром. *(Напевает.)* «Я вновь пред тобою стою очарован...»

Аркадина.*(садясь за стол).* Фуй, я испугалась. Это мне напомнило, как... *(Закрывает лицо руками.)* Даже в глазах потемнело...

Дорн *(перелистывая журнал, Тригорину).* Тут месяца два назад была напечатана одна статья... письмо из Америки, и я хотел вас спросить, между прочим... *(берет Тригорина за талию и отводит к рампе)...* так как я очень интересуюсь этим вопросом... *(Тоном ниже, вполголоса.)* Уведите отсюда куда-нибудь Ирину Николаевну. Дело в том, что Константин Гаврилович застрелился...
Занавес

No longer are the cries of storks heard in the meadows, or the drone of beetles in the groves of limes——"

She embraces TREPLIEFF impetuously and runs out onto the terrace.

Treplieff. [*After a pause*] It would be a pity if she were seen in the garden. My mother would be distressed.

He stands for several minutes tearing up his manuscripts and throwing them under the table, then unlocks the door on the right and goes out.

Dorn. [*Trying to force open the door on the left*] Odd! This door seems to be locked. [*He comes in and puts the chair back in its former place*] This is like a hurdle race.

ARKADINA and PAULINA come in, followed by JACOB carrying some bottles; then come MASHA, SHAMRAEFF, and TRIGORIN.

Arkadina. Put the claret and the beer here, on the table, so that we can drink while we are playing. Sit down, friends.

Paulina. And bring the tea at once.

She lights the candles and takes her seat at the card-table. SHAMRAEFF leads TRIGORIN to the cupboard.

Shamraeff. Here is the stuffed sea-gull I was telling you about. [*He takes the sea-gull out of the cupboard*] You told me to have it done.

Trigorin. [*looking at the bird*] I don't remember a thing about it, not a thing. [*A shot is heard. Every one jumps.*]

Arkadina. [*Frightened*] What was that?

Dorn. Nothing at all; probably one of my medicine bottles has blown up. Don't worry. [*He goes out through the door on the right, and comes back in a few moments*] It is as I thought, a flask of ether has exploded. [*He sings*] "Spellbound once more I stand before thee."

Arkadina. [*Sitting down at the table*] Heavens! I was really frightened. That noise reminded me of—[*She covers her face with her hands*] Everything is black before my eyes.

Dorn. [*Looking through the pages of a magazine, to TRIGORIN*] There was an article from America in this magazine about two months ago that I wanted to ask you about, among other things. [*He leads TRIGORIN to the front of the stage*] I am very much interested in this question. [*He lowers his voice and whispers*] You must take Madame Arkadina away from here; what I wanted to say was, that Constantine has shot himself.

The curtain falls.

Also available from JiaHu Books:

Chekhov – Short Stories to 1880
English - 9781784351373
Russian - 9781784351212
Dual - 9781784351380
Chekhov – Short Stories of 1881
English - 9781784351489
Лучшие русские рассказы — 9781784351229

Дядя Ваня — А. П. Чехов — 9781784350000

Три сестры — А. П. Чехов — 9781784350017

Вишнёвый сад — А. П. Чехов - 9781909669819

Чайка — А. П. Чехов — 9781909669642

Дуэль — А. П. Чехов — 9781784350024

Иванов — А. П. Чехов — 9781784350093

Шутки - А. П. Чехов — 9781784350109

Остров Сахалин - А. П. Чехов — 9781784351120

Русланъ и Людмила — А. С. Пушкин - 9781909669000

Евгеній Онѣгинъ — А. С. Пушкин — 9781909669017

Пиковая дама, Медный всадник, Цыганы — А. С. Пушкин — 9781784350116

Капитанская дочка — А. С. Пушкин — 9781784350260

Борис Годунов — А. С. Пушкин — 9781784350291

Стихотворения: 1813-1820 — А. С. Пушкин — 9781784350864

Анна Каренина — Л. Н. Толстой — 9781909669154

Детство — Л. Н. Толстой — 9781784350949

Отрочество — Л. Н. Толстой — 9781784350956

Юность — Л. Н. Толстой — 9781784350963

Смерть Ивана Ильича — Л. Н. Толстой — 9781784350970

Крейцерова соната — Л. Н. Толстой — 9781784350987

Так что же нам делать? — Л. Н. Толстой — 9781784350994

Хаджи-Мурат — Л. Н. Толстой — 9781784351007

Царство божие внутри вас... — Л. Н. Толстой — 9781784351113

Записки из подполья — Ф. Достоевский — 9781784350472

Бедные люди — Ф. Достоевский — 9781784350895

Повести и расскази — Ф. Достоевский — 9781784350901

Двойник — Ф. Достоевский — 9781784350932

Вечера на хуторе близ Диканьки - Николай Гоголь - 9781784351755

Рудин — И. С. Тургенев — 9781784350222

Записки охотника - И. С. Тургенев — 9781784350390

Нахлебник - И. С. Тургенев — 9781784350246

Отцы и дети — И. С. Тургенев - 978178435123

Ася — И. С. Тургенев — 9781784350079

Первая любовь — И. С. Тургенев — 9781784350086

Вешние воды — И. С. Тургенев — 9781784350253

Накануне — И. С. Тургенев — 9781784350512

Мать — Максим Горький — 9781909669628

Человек-амфибия — А. Беляев - 9781784350369

Рассказ о семи повешенных и другие повести — Л. Н. Андреев — 9781909669659

Жизнь Василия Фивейского — Л. Н. Андреев — 9781784351182

Соборяне — Н. С. Лесков - 9781784351939

Леди Макбет Мценского уезда и Запечатленный ангел - Н. С. Лесков - 9781909669666

Очарованный странник — Н. С. Лесков — 9781909669727

Некуда — Н. С. Лесков -9781909669673

Мы - Евгений Замятин- 9781909669758

Уездное, На куличках, Островитяне – Е. Замятин — 9781784352043

Огни св. Доминика – Е. Замятин — 9781784352080

Мамай, Пещера, Большим детям сказки, Рассказ о самом главном – Е. Замятин — 9781784352073

Алатырь, Север, Ловец человеков, Бич божий – Е. Замятин — 9781784352097

Апрель, Непутёвый, Три дня и другие – Е. Замятин — 9781784352103

Санин — М. П. Арцыбашев — 9781909669949

Двенадцать стульев — Ильф и Петров - 9781784350239

Золотой теленок — Ильф и Петров - 9781784350468

Мастер и Маргарита — М.А. Булгаков - 9781909669895

Собачье сердце — М.А. Булгаков — 9781909669536

Записки юного врача — М.А. Булгаков — 9781909669680

Роковые яйца — М.А. Булгаков — 9781909669840

Горе от ума — А. С. Грибоедов - 9781784350376

Рассказы для детей - Д. Хармс - 9781784350529

Евгений Онегин (Либретто) — 9781909669741

Пиковая Дама (Либретто) — 9781909669918

Борис Годунов (Либретто) — 9781909669376

Руслан и Людмила (Либретто) — 9781784350666

Жизнь за царя (Либретто) — 9781784351250

Как закалялась сталь - Николай Островский - 9781784351946

Левша — Николай Лесков — 9781784351953

Тяжелые сны — Федор Сологуб — 9781784351977

Творимая легенда — Федор Сологуб — 9781784351991;
9781784352004; 9781784352011

Победа смерти — Федор Сологуб — 9781784352028

Рассказы — Федор Сологуб — 9781784352035

Смерть богов. Юлиан отступник — Д. Мережковский -
9781784352127